AI와 정치철학

AI문고

인공지능 시대입니다. 기계가 인간의 인지를 대신하고, 사물이 인간을 통하지 않고 다른 사물과 직접 커뮤니케이션합니다. 이에 따른 인간 삶과 문명 변화를 정확히 이해·예측·대응하는 것은 이 시대 우리 모두의 과제입니다. AI문고는 인공지능 기술과 환경의 여러 주제를 10가지 키워드로 정리합니다. 관련 개념과 이론, 학계와 산업계의 쟁점, 우리 일상의 변화를 다룹니다. 인간과 기술의 현재, 미래를 세심히 분석합니다.

일러두기

- 인명, 작품명, 저서명, 개념어 등은 한글과 함께 괄호 안에 해당 국가의 원어를 병기했습니다.
- 외래어 표기는 현행 어문규정의 외래어표기법을 따랐습니다. 다만 '딥러닝', '딥마인드', '딥페이크' 등은 관행을 따랐습니다.
- 이 책 1장의 "인간의 활동-노동, 작업, 행위", 2장의 "인간의 정신적 삶-사유, 의지, 판단" 부분은 저자의 논문 "뇌-컴퓨터 인터페이스(BCI)와 인간의 조건에 대한 정치철학적 고찰"(≪Oughtopia≫, 제37권 제3호)의 글 일부를 이 책의 취지에 맞게 수정한 것입니다.
- 이 책 6장의 "AI 패놉티콘" 부분은 저자의 논문 "바이오 파놉티콘(bio- panopticon)과 생명 감시사회"(≪국가와정치≫, 제28집 1호)의 글 일부를 이 책의 취지에 맞게 수정한 것입니다.

처음이세요?

전문가세요?

AI와 정치철학

정진화

대한민국, 서울, 커뮤니케이션북스, 2025

AI와 정치철학

지은이 정진화
펴낸이 박영률

초판 1쇄 펴낸날 2025년 2월 3일

커뮤니케이션북스(주)
출판 등록 2007년 8월 17일 제313-2007-000166호
02880 서울시 성북구 성북로 5-11
전화(02) 7474 001, 팩스(02) 736 5047
commbooks@commbooks.com
www.commbooks.com

ISBN 979-11-7307-458-5 03500

책값은 뒤표지에 표시되어 있습니다.

차례

AI 시대 정치철학의 역할

AI(Artificial Intelligence) 시대에 정치철학의 역할은 무엇일까. 챗지피티(ChatGPT)에 질문을 입력하자 챗지피티는 약 15초 만에 답변을 내놓았다. 챗지피티란 일론 머스크(Elon Musk), 샘 올트먼(Sam Altman) 등이 설립을 주도한 미국의 인공지능 연구소이자 기업인 오픈에이아이(Open AI)가 개발한 AI 챗봇(Chatbot)이다. 챗지피티가 내놓은 답변은 다음과 같다. "AI 시대에 정치철학은 윤리적 지표 설정, 권력과 통제 문제 해결, 정치적 자유와 인권 보호, 기술적 발전과 사회 계약의 재정립, 이 네 가지 측면을 통해 개인과 사회의 이익을 최대화하면서 기술의 발전이 불평등을 증가시키거나 자유를 침해하는 것을 방지하기 위한 이론적 기초를 제공할 수 있다."

AI가 보여 줄 빛과 그림자

챗지피티는 AI의 힘을 보여 주는 가장 대표적인 사례라 할 수 있다. 정치철학을 전공한 사람조차도 15초라는 짧은 시간 내에 이런 내용을 바로 정리해서 제시하기는 어렵다. 또 정치철학을 전공하지 않은 일반인이 1분도 채 되지 않아 이만큼 정리된 내용을 구하는 일도 쉽지 않다. 이것이 AI의 위력이다. AI는 우리가 더 빠르고, 더 편하게 수많은 정보에 접근해 원하는 지식을 취득할 수 있도록 만들어 주고 있다.

챗지피티는 기존의 검색 엔진뿐만 아니라 인간의 지적 노동까지 대체해 나가고 있다. 챗지피티는 수십, 수백 장에 이르는 보고서를 A4 용지 단 한 장의 분량으로 일목요연하게 정리해 줄 수 있으며, 기업의 재무제표를 학습시키면 사람보다 더 정확히 미래 실적을 예측할 수 있다는 연구 결과까지 나왔다. AI는 인간 고유의 활동으로 여겨졌던 창작과 예술의 영역에도 막대한 영향을 끼치고 있다. 인공 신경망을 이용해 새로운 데이터를 만들어 내는 생성형 AI는 명령어를 통해 사용자의 의도를 이해한 뒤 시나 소설 같은 문학 작품을 쓸 수 있을 뿐만 아니라 그림을 그리고, 음악을 작곡하며, 영화까지 만든다.

AI는 이제 노동과 창조의 영역을 넘어 인간의 근본적인 한계로 주어진 죽음까지 초월하고 있다. 세상을 떠난 가족이나 친구, 반려견을 AI와 융합한 딥페이크(deepfake) 기술로 환생시키는 '디지털 클론(digital clone)' 사례는 점점 증가하고 있다. 딥페이크는 딥러닝(deep learning)과 페이크(fake)의 합성어로, AI를 기반으로 한 인간 이미지 합성 기술이다. 최근 딥페이크 기술은 사진 1장과 음성 데이터 30초만 있으면 영상 속 인물의 얼굴과 목소리를 실시간으로 만들 수 있을 정도로 발전했다. 어릴 때 실종된 아동이 현재 어떻게 변했을지 예측할 수 있는 사진을 보고, 오래전 세상을 떠난 가수의 목소리로 최근에 유행한 노래를 들을 수 있는 것도 딥페이크 기술 덕분이다. 미국에서는 자신이 죽은 이후에 사랑하는 사람들에게 이메일, 사진, 문자 등이 발송되도록 하는 서비스를 60달러에 제공하는 스타트업도 등장했다. 바야흐로 디지털 불멸의 시대가 도래한 것이다.

AI의 출현으로 인간의 삶은 완전히 달라지고 있다. 이제 우리는 AI냐 아니냐를 엄밀하게 구분하지 않을 정도로 AI를 일반적인 프로그램이나 소프트웨어처럼 받아들이고 있으며 AI는 커피 머신과 같이 점점 일상적인 것이 되어 가고 있다. 이러한 변화는 인간에게 새로운 기회와 희망을 주는 동시에 심각한 문제와 위협으로 다가올 수 있는 양면성이 있다. 챗지피티는 우리가 더 많은 정보에 더 빨리, 더 편하게 접근할 수 있도록 해 주지만 이러한 시스템은 인간의 지적 노동을 대체해 가며 일자리를 감소시키고 있다. AI가 만들어 내는 문학, 그림, 음악, 영화와 같은 콘텐츠는 순수한 창작과 모방 사이의 경계를 흐릿하게 만들며 예술가들을 위협한다. 딥페이크 기술은 단순히 그리움의 대상을 소환하는 데 그치지 않고 각종 성범죄나 가짜 뉴스에 사용되어 인간의 기본권까지 침해하고 있다.

AI가 야기하는 문제는 여기서 끝나지 않는다. AI 분야의 대부로 불리는 컴퓨터 과학자이자 인지 심리학자인 제프리 힌턴(Geoffrey Hinton)은 10년 내에 자율적으로 인간을 죽이는 로봇 병기가 등장할 수도 있다고 경고했다. 그 이유에 대해 힌턴은 "AI에게 임무를 주면 해결책을 찾는 과정에서 인간에게 나쁜 방법을 찾아낼지도 모른다. 예를 들어 AI에게 기후 변화를 막으라고 하면, AI는 목적 달성을 위해 인간을 배제하는 게 필요하다고 생각하고, 실행에 옮길 위험성이 있다"(연합뉴스, 2024.3.10)라고 말했다.

인간의 두뇌를 모방한 AI와 인간

'기계가 생각을 할 수 있을까(Can machine think)?' AI의 기본 개념은 현대 컴퓨터 과학의 아버지라 불리는 앨런

튜링(Alan Turing)이 1950년에 발표한 논문에서 제기한 이 질문에서 비롯되었다(Turing, 1950). 튜링은 '학습하는 기계(learning machine)'라는 개념을 통해 인간을 모방하는 방식으로 기계를 학습시킬 수 있는 가능성을 제시하며 이에 필요한 규칙, 명령, 프로그램 설계에 대해 고민했다. 즉, AI는 인간이 인간의 두뇌를 모방해서 만든 기계인 것이다.

하지만 인간의 뇌를 모방한 기계로 출발한 AI가 이제는 인간을 넘어서려 하고 있다. 지금 우리는 인간이 AI를 통제할 수 있을까, 아니면 AI에게 통제당할 것인가를 우려하는 시점에 놓여 있다. 스웨덴 출신의 철학자 닉 보스트롬(Nick Bostrom)은 지금 인간이 인간의 지능을 능가하는 기계 두뇌(machine brain), 즉 초지능(super intelligence)을 만드는 경지에 이르렀다고 진단하며 기계가 초지능을 갖게 되는 때, 우리 사회는 특이점에 직면할 것이라고 예측했다(Bostrom, 2020). 미국의 미래학자 레이 커즈와일(Ray Kurzweil) 역시 우리 뇌에 축적된 광대한 지식이 더 크고 빠른 역량과 속도, 지식 공유 능력을 갖춘 기술과 융합하면서 특이점(singularity)의 시대가 도래할 것이라고 전망했다(Kurzweil, 2006). 특이점이란 미래에 기술 변화의 속도가 빨라지고 그 영향 또한 매우 커서 인간의 생활이 되돌릴 수 없도록 변화되는 시기를 뜻한다(Kurzweil, 2006).

AI 기술에 양면성이 있는 것처럼 AI 기술의 발전이 가져올 특이점의 시대와 미래를 바라보는 시각에도 상반된 두 가지 입장이 있다. 하나는 AI의 순기능과 긍정적 측면에 방점을 두고 인간이 질병, 죽음과 같은 근본적인 한계를 극복해 나아갈 것이라는 낙관적 · 유토피아적 관점이다. 또 다른 하나는 AI의 역기능과 부정적 측면을 강조하면서 AI가 점차 인간의 영역을 잠식해 나가고 결국 인간까지 통제하고 위협할 수 있다는 비관적 · 디스토피아적 관점이다. 유토피아적 관점은 AI가 야기할 수 있는 위험한 문제들을 외면하거나 간과할 가능성이 있으며 디스토피아적 관점은 AI가 인간에게 제공할 수 있는 새로운 기회와 가치들까지 폐쇄적으로 차단할 우려가 있다.

우리는 분명 과학 기술에 대한 맹신을 경계해야 한다. 과학자들은 AI가 설계된 대로 작동하고, 예측 가능하다고 생각할 수 있지만 그 AI를 설계할 인간과 설계된 AI를 활용할 인간은 자연의 법칙처럼 정해져 있지 않다. 늘 변수와 예외가 존재하며 항상 이성적인 것도 아니다. 하지만 과학 기술에 대한 극단적 거부 역시 답이 아니다

(Risse, 2024). 역사적으로 볼 때 과학 기술의 발전에는 역진성이 없고, 현실적으로 무조건 막을 수도 없다. 따라서 우리에게 중요한 것은 양극단으로 치우친 관점에서 이러한 문제를 바라보는 것이 아니라 AI와 인간이 가장 바람직한 형태로 공존할 수 있는 관점에서 AI 기술의 발전 속도, 허용 범위, 그리고 대응 방안과 같은 문제를 정해 나가는 것이다.

AI 시대와 정치철학

AI가 가져올 새로운 변화와 현상은 개인이 각자 대응할 수 있는 성격의 것이 아니라 사회적인 문제이자 전 인류에게 주어진 과제이기도 하다. 이러한 변동 속에서 우리가 어떻게 하면 더불어 잘 살 수 있을까를 고민하는 것이 AI 시대에 정치철학이 논의해야 할 핵심 주제가 되어야 할 것이다.

정치철학은 곧 정치에 관한 철학이다. 정치에 관한 정의에는 여러 가지 관점이 있겠지만 우리는 일반적으로 정치적인 것을 국가와 관련된 것으로 인식한다. 이때 정치철학은 국가가 어떻게 행동해야 할 것인가를 묻고, 국가가 시민들을 어떤 도덕적 원칙들에 따라 대해야 하며, 어떤 종류의 사회 질서를 세워야 할 것인가를 묻는다. 따라서 정치철학은 단지 '개인적으로' 사람들이 무엇을 해야 하는가를 논하는 것이 아니라 사람들이 '서로에게' 무엇을 하도록 요구하는 것이 필요한가에 관한 문제를 다룬다고 볼 수 있다(Swift, 2011).

정치철학의 본질은 옳음과 선(the right and the good) 자체뿐만 아니라 이로부터 파생되는 다양한 문제를 사유하는 데 있다. 정치철학은 타자와 우리들 자신의 개별적인 관계가 아니라 사회 전체를 통치하고 운용하는 데 필요한 도덕적 원칙에 기초를 두고 있으며 그 목적은 우리의 사회적 현실에 비추어 가장 최선으로 구현할 수 있는 일종의 제도들을 결정하기 위한 것에 있다(Lamore, 2023). 그렇다면 어떻게 하는 것이 잘 사는 것일까? 한 인간의 삶과 세상을 바라보는 관점을 다루는 영역이 철학이라면 정치철학은 '어떻게 해야 더불어 잘 살 수 있을까'를 고민하며 공동체의 삶과 공동선에 대한 것을 다루는 영역이라 할 수 있다.

우리가 살아가는 현실 속에서 정치철학의 역할은 뚜렷하게 느껴지지 않는다. 하지만 정치철학이 분명한 의미를 갖고 있다는 것은 아테네에서 정치철학이 빛을 본 이후 언제나 그래 왔던 것처럼 오늘날에도 변함이 없다. 모든 정치적 행동은 보존이나 변화를 목적으로 한다. 보존하기를 원할 때 우리는 변화가 더 나쁜 방향으로 나아가지 않도록 방지하려 한다. 변화하기를 원할 때 우리는 더 나은 것을 이룩하고자 한다. 그렇다면 모든 정치적 행동은 더 좋은 것과 나쁜 것에 대한 생각에 의해서 인도된다고 할 수 있다. 그렇지만 더 좋은 것과 더 나쁜 것에 대한 생각에는 좋음이 무엇이냐에 대한 인식이 내포되어 있다. 모든 정치적 행동은 그 자체에 좋음이라는 지식, 즉 좋은 삶, 좋은 사회가 무엇이냐는 지식을 향한 지향성을 내포하고 있다. 왜냐하면 좋은 사회가 곧 완전한 정치적 선(善)이기 때문이다. 따라서 정치철학은 인간이 좋은 삶과 좋은 사회가 무엇인지 알고자 할 때 등장하는 것이라 할 수 있다(Strauss, 1968).

AI 기술의 변화는 우리가 살아가는 삶의 방식을 바꾸어 가고 있을 뿐만 아니라 인간의 권리, 권력과 자본의 관계, 정치 참여 방식과 행태 등에 많은 변화를 가져오고 있다. 지금 AI 기술은 우리에게 무엇을 보존하고, 무엇을 변화시킬 것인지, 또 무엇이 더 좋고 무엇이 더 나쁜지를 고민해야 하는 새로운 과제를 던지고 있다. 이러한 시대에 어떠한 선택이 인간에게 더 좋은 삶을 부여하고, 더 좋은 사회를 만드는 일이 될지 우리는 알아 가야 한다. AI 시대에 부합하는 새로운 정치철학의 모색이 필요한 이유다.

기술 자체는 중립적인 것이라 하더라도 그것의 사용은 정치적인 것이 될 수 있다. 벨기에 출신의 기술철학자 마크 코켈버그(Mark Coeckelbergh)의 지적처럼 어쩌면 AI의 문제는 이미 정치적인 것이 되었다고 볼 수 있다. 예를 들어 AI 기술이 정치적 의도와 결합하면 정치적 조작이나 감시에 사용되는 도구가 된다. 하지만 과학자나 기술자들은 이러한 문제와 관련된 복잡한 정치적 또는 사회적 문제를 인식하지 못할 수 있다. 이런 점에서 AI는 단순한 기술이 아니며 정치와 권력의 측면에서 중립적이지도 않다. AI는 하나부터 열까지 정치적이라 할 수 있다(Coeckelbergh, 2022).

우리가 AI의 발전에 대해 정치철학적 관점에서 바라보고 사유해야 하는 이유가 바로 여기에 있다. AI가 일으키고 있는 변화에 대응하는 것은 과학 vs 윤리와 같이 이분법적으로 대립된 프레임 안에서 할 수 있는 것이 아니며 어느 한 영역에서 해결할 수 있는 일도 아니다. 우리는 최대한 많은 지혜를 모아 인류에게 이익이 될 부분은 최대화하고, 위협이 될 부분은 최소화하며 현실적으로 가장 최선이 되는 방향을 찾아야 한다. 현실 속에서 해악이 가장 덜한 행동을 택하는 것은 도덕적 판단이며 정치적 지혜와 도덕적 판단의 조화를 통해 인간은 정치적 인간으로서 운명과 도덕적 운명 사이의 조화를 이룰 수 있을 것이다. 그와 같은 조화가 불편하고 불안하며 심지어 모순적인 일시적 방편에 지나지 않는다고 실망하는 순간 인간의 삶에 따르는 비극들은 외면받고 왜곡될 것이다(Morgenthau, 1974). 정치철학은 우리 사회에서 논쟁이 되는 질문에 심층적으로 초점을 맞추고, 상호 존중에 기초해 차이점을 최소한으로 좁히는 데 실천적 역할을 할 수 있을 것이다. 또 단순히 형이상학적인 논리를 제공하는 것이 아니라 민주주의적 사고와 태도의 뿌리를 강화하는 역할도 할 수 있을 것이다(Rawls, 2008).

정치철학의 힘은 그 자체의 논리나 형이상학적 기준이 아니라 보통 사람들의 인생 경험 및 관계와 결부될 때 발휘될 수 있다. 인간은 자신의 경험과 명백하게 대립되는 철학을 받아들이거나 신봉하지 않을 것이다. 따라서 하나의 철학이 그 시대를 지배하고 미래를 지도하기 위해서는 일반인들의 삶에 중요한 의미와 가치를 부여할 수 있어야 한다(Morgenthau, 1974). 인간과 시대에 대한 통찰력을 갖고 우리 사회의 중요한 가치나 방향을 제시하는 것이 곧 정치철학의 역할이며 민주주의 사회에서 그 과정은 더 많은 지혜를 모으고 함께 논의하는 방식으로 이루어져야 한다. 이 책을 쓴 목적도 바로 여기에 있다.

정치철학의 역할은 끊임없이 질문하기

이 책은 AI가 야기할 수 있는 정치적 문제들을 논하고, AI 시대에 우리가 더불어 잘 살 수 있는 방안을 모색하는 데 필요한 이론적 기초와 현실적 사례들을 다루고 있다. 이러한 작업을 통해 필자는 새로운 정치철학의 이론을 정립하기보다 새로운 정치철학의 방향을 독자들과 함께 모색하고자 했다. 자유, 평등, 정의, 권력 등 정치철학과 관련된 문제에 대한 영원불변의 답은 없다. 위대한 정치철학자들의 이론도 모두 완벽하다고 할 수 없다. 정치철학의 의미는 같은 결론을 내리는 데 있는 것이 아니라 끊임없는 질문을 통해 다양한 지혜를 모아 내고 최선의 결론을 찾아내는 데 있다. 이 책의 집필 목적과 방향, 구성도 여기에 주안점을 두고 우리가 함께 생각해 봐야 할 열 가지 주제를 선정했다.

첫 번째 주제는 AI가 인간의 활동을 어떻게 대체해 가고 있는가에 관한 것이다. AI 기술의 발전이 어디까지 왔는지 그 동향을 살펴보고 AI가 개인의 삶과 우리 사회의 모습을 어떻게 변화시킬 수 있는지 탐색하며 결국 인간 고유의 것으로 남는 것은 무엇일까 함께 생각해 보고자 한다.

첫 번째 주제가 인간의 활동적 측면에 중심을 둔 것이라면 두 번째 주제는 AI가 인간의 정신적 영역에 어떠한 영향을 끼칠 수 있는가에 초점을 두고 있다. 특히 AI가 인간의 조건과 경계를 바꾸어 나갈 수 있는 문제에 대해 다루고자 한다.

세 번째 주제는 AI와 인간의 자유에 관한 문제다. AI는 표면적으로 인간의 자유를 확장해 주는 것으로 보이지만 반대로 인간의 자유를 제한하는 측면도 있다. 이에 구체적인 사례를 통해 양 측면을 모두 살펴보고 어떤 가치와 기준으로 우리가 이 문제를 바라보아야 할지 설명할 것이다.

네 번째 주제는 AI와 인간의 평등에 관한 문제다. AI는 인간이 주어진 한계를 극복하고, 새로운 기회와 가능성을 창출하는 데 긍정적인 영향을 끼칠 것이다. 하지만 AI를 활용하는 문제는 지식, 정보, 자본, 권력 등을 보유한 계층에게 유리하게 작동할 가능성이 있으며 모든 사람은 평등하게 태어난다는 민주주의의 전제조차 뒤흔드는 새로운 불평등 문제를 제기할 수 있다.

다섯 번째 주제는 AI와 정의에 관한 것이다. 자유는

때때로 불평등을 만들어 낸다. 우리 사회는 모두에게 동등한 자유와 평등의 권리를 보장하지만 선천적으로 타고난 혜택이나 제약, 후천적인 과정에서 발생하는 행운과 불운 등은 필연적으로 불평등을 야기한다. 이것이 정의의 관점에서 AI가 제기하는 문제를 봐야 할 이유다.

여섯 번째 주제는 AI와 권력에 관한 것이다. AI는 데이터를 기반으로 움직이며 데이터는 또 다른 형태의 권력을 형성해 나가고 있다. AI 기술과 데이터를 독점하는 것은 곧 권력을 독점하는 것이 될 수 있고 권력은 이러한 기술을 감시와 통제의 수단으로 사용할 수도 있다. 이에 AI와 권력의 결합이 갖는 위험성에 대해 고찰해 보고자 한다.

일곱 번째 주제는 AI와 자본에 관한 것이다. AI는 데이터를 수집해 새로운 상품과 서비스를 제공하는 빅 테크 기업, 플랫폼 기업들에게 전례 없이 막대한 능력을 부여해 주고 있다. 기술과 자본의 결합이 새로운 감시 자본주의를 형성하고 정치적 영향력까지 확대해 나가는 문제를 살펴보며 그 대응 방안을 함께 고민해 보고자 한다.

여덟 번째 주제는 AI 시대의 민주주의에 관한 것이다. AI는 유권자들이 더 편하게 다양한 정보에 접근할 수 있도록 해 주지만 반대로 편향되고 왜곡된 정보는 정치적 양극화를 가속화하고 민주주의의 본질을 위협할 수도 있다. 이제 우리는 'AI 민주주의'와 'AI의 민주화'를 고민해야 할 때다.

아홉 번째 주제는 AI 시대의 거버넌스에 관한 것이다. AI 기술이 자본이나 권력과 결합하면 민주주의를 위협하고 민주주의 본질에 반대되는 지배 체제를 등장시킬 수도 있다. 따라서 통치 방식에도 변화가 필요하며 더 많은 시민들이 의사 결정에 참여해 권력을 분산할 수 있는 거버넌스를 모색해 봐야 할 것이다.

열 번째 주제는 AI 시대 트랜스휴먼에 관한 것이다. AI 시대에 인간과 기계의 경계는 점점 더 희미해져 갈 것이며 인간의 삶과 존재 방식은 끊임없이 변모하게 될 것이다. 새로운 미래에 우리가 직면하게 될 삶의 변화와 인간의 형태에 대해 알아보고 우리는 무엇을 기준으로 이러한 변화를 수용해야 할지 생각해 보고자 한다.

이 열 가지 주제가 AI 시대를 맞이하고 있는 우리에게 필요한 모든 이슈와 과제를 담아낼 수는 없겠지만 우리가 함께 고민하고 사유해야 할 문제들을 논의해 나가는 데 중요한 이론적 · 현실적 기초는 될 수 있으리라 기대한다. 과학 vs 윤리와 같은 이분법적 접근, 과학 기술에 대한 맹신이나 과학 기술에 대한 배격과 같은 극단적 입장은 인류에게 최선의 대안을 마련해 주지 못할 것이다. AI 시대에 우리가 좀 더 나은 삶을 향유하고, 더불어 잘 살 수 있는 방안을 모색하기 위해서는 우리 스스로 가장 옳은 선택을 하고자 노력하는 의지가 필요하다. 위르겐 하버마스(Jürgen Habermas)의 말처럼 “정의롭지 못한 세상이 일상성의 자리를 차지하게 되거나 우리가 그런 세상을 냉소적으로 인정하게 되는 것은 지식의 결핍을 보여 준다기보다는 의지의 타락을 말해 주는 것이다”(Habermas, 2008). 우리가 함께 의지를 갖는 한, AI 시대는 유토피아까지 도달하지 못하더라도 디스토피아로 전락하지는 않을 것이고 우리는 보다 많은 자유와 평등을 확보하며 좀 더 정의롭고 행복한 공동체 속에서 살아갈 수 있을 것이다.

참고문헌

연합뉴스(2024.3.10). ‘AI 대부’ 제프리 힌턴 “AI로 10년 내 킬러 로봇 등장할 것”, https://www.yna.co.kr/view/AKR20240310028500073

Bostrom, N.(2014). *Superintelligence: paths, dangers, strategies.* Oxford University Press. 조성진 옮김(2020). 『슈퍼인텔리전스: 경로, 위험, 전략』. 까치글방.

Coeckelbergh, M.(2022). *The political philosophy of AI.* Medford, MA: Polity Press.

Habermas, J.(2008). *The future of human nature*. Cambridge, Malden: Polity Press.

Kurzweil, R.(2006). *The singularity is near: when humans transcend biology*. New York: Penguin Books.

Lamore, C.(2020). *What is political philosophy?*. Princeton University Press. 장동진 옮김(2023). 『정치철학』. 명인문화사.

Morgenthau, H. J.(1974). *Scientific man vs. power politics*. Chicago: The University of Chicago Press(Midway Reprint).

Rawls, J.(2008). S. Freeman(Ed.). *Lectures on the history of political philosophy*. Cambridge, Mass.: Harvard University Press.

Risse, M.(2023). *Political theory of the digital age*. Cambridge University Press. 박성진 옮김(2024). 『AI 시대의 정치이론』. 그린비.

Strauss, L.(1968). *What is political philosophy?*. New York: The Free Press.

Swift, A.(2006). *Political philosophy*. Polity Press. 김비환 옮김(2011). 『정치의 생각』. 개마고원.

Turing, A. M.(1950). *Mind, 59*(236), pp.433-460.

01
AI와 인간의 활동

AI는 과연 인간의 활동을 어디까지 대체할 수 있을까. 또 AI가 대체할 수 없는 인간의 활동은 무엇일까. 인간이 산다는 것은 곧 활동하는 것을 의미하며 인간의 활동은 노동, 작업, 행위를 통해 인간의 드러나는 삶을 구성한다. 이 세 가지 영역에 AI는 이미 깊이 침투해 있지만 여전히 인간 고유의 영역으로 남아 있는 것들 또한 존재한다.

AI와 1인 창업?

인간의 활동을 대체하는 AI

AI 알고리즘이 제공하는 뉴스를 보고 AI 번역기를 통해 해외 비즈니스를 처리하며 AI가 작곡한 음악을 듣는 시대가 왔다. 세계경제포럼(World Economic Forum)의 창립자 클라우스 슈바프(Klaus Schwab)는 2016년 '제4차 산업 혁명'을 화두로 제시했으며, 이후 AI와 로봇 등 과학 기술의 발전으로 2020년까지 일자리 710만 개가 사라지고 대신 200만 개가 새로 생길 것으로 예상한 바 있다.

사라질 것으로 예상되는 직업 분야는 화이트칼라 사무직이 전체의 67%(476만 개)를 차지했고 제조업이 22.6%(161만 개), 건설 · 채광 분야가 7%(50만 개), 미술 · 디자인 · 엔터테인먼트 · 스포츠 · 미디어 등의 분야가 2.1%(약 15만 개), 법률 분야가 1.5%(11만 개) 등으로 나타났다. 반면 새로 고용 창출이 될 200만 개의 일자리 분야는 경영 · 재무 운영 분야 25%(49만 개), 관리 감독 분야 21%(41만6000개), 컴퓨터와 수학 분야 20%(약 41만 개), 건축 · 엔지니어 분야 17%(34만 개), 영업 관련 분야 15%(30만 개), 교육 관련 분야 3.3%(6만6000개) 순이었다(매일경제, 2016.5.2).

예상만큼 빠르게 진행되지는 않았지만 AI가 우리 사

회의 많은 부분을 바꾸고 인간의 노동과 일자리를 대체해 나가고 있는 것은 사실이다. 2023년 세계 최대 검색엔진 구글은 3만 명에 이르는 광고 판매 부문 인력을 대대적으로 개편할 것이라고 보도했고, 구글의 모회사 알파벳(Alphabet)은 이미 직원의 6%에 해당하는 1만2000명을 감원했다. 마이크로소프트도 게임 부문 직원 2만2000명 중 9%에 해당하는 약 1900명을 줄일 것이라고 밝혔다(서울신문, 2024.2.6).

이제 인간은 같은 인간끼리 경쟁하는 것이 아니라 AI와 경쟁해야 하는 시대를 맞이하게 되었다. AI는 과연 인간의 활동을 어디까지 대체할 수 있을까. 또 AI가 대체해 나갈 수 없는 인간의 활동은 무엇일까.

인간의 활동 – 노동, 작업, 행위

독일 출신의 정치철학자 해나 아렌트(Hannah Arendt)는 인간의 조건을 '활동적 삶(vita action)'과 '정신의 삶(the life of the mind)' 두 가지로 나누어 설명했다. 아렌트에 따르면, 인간이 산다는 것은 곧 활동하는 것을 의미하며 인간의 활동은 드러나는 부분과 드러나지 않는 부분 두 가지로 나타난다. 예를 들어 우리가 나무 한 그루를 바라볼 때, 나무의 줄기, 가지, 잎 등은 드러나 있지만 뿌리는 흙에 덮여 있어 잘 드러나지 않는다. 활동적 삶은 현상 세계에서 진행되기 때문에 우리의 감각 기관에 잘 드러나는 반면 정신의 삶은 인간의 내면에서 진행되기 때문에 감각적으로 잘 드러나지 않는다(홍원표, 2011).

아렌트가 말하는 '활동적 삶'의 개념에 포함되는 인간의 근본 활동은 노동(labor), 작업(work), 행위(action) 세 가지로 구분된다. 첫째, 노동이란 인간 신체의 생물학적 과정과 일치하는 활동을 말한다. 신체의 자연 발생적 성장, 신진대사, 부패 등의 과정은 노동에 의해 생산되어 삶의 과정에 투입되는 생명 필수재에 묶여 있다. 둘째, 작업은 자연적 환경이 아닌 인공적인 사물 세계를 만들어 가는 것을 의미한다. 셋째, 행위는 사물이나 물질의 매개 없이 인간들 사이에서 직접적으로 이루어지는 유일한 활동을 뜻한다. 이 세 가지 활동과 각각의 조건은 인간 실존의 가장 일반적인 조건, 즉 탄생과 죽음, 탄생성과 사멸성에 밀접하게 연관되어 있다(Arendt, 2018).

아렌트가 말하는 '활동적 삶'을 보다 구체적으로 설명하자면 먼저 노동은 인간이 먹고살기 위한 활동, 즉 생존을 위해 필요한 활동이라 할 수 있다. 인간의 몸이 살기 위해 끊임없이 에너지의 섭취, 소화, 배설의 과정을 반복하듯이 인간은 살아가기 위해 생존에 필요한 것을 소유하거나 소비해야 하며 이를 위해 노동을 해야 한다. 따라서 생존과 생계유지를 위한 노동의 과정은 계속 반복될 수밖에 없다(Arendt, 2018). 노동이 생존을 위해 불가피한 활동이라면 작업은 필요에 의해 선택하는 활동이다. 인간은 보다 나은 삶을 위해 다양한 사물을 제작하며 이러한 사물은 인공 세계를 구성한다. 하지만 동시에 인간의 작업은 자연을 파괴하기도 한다(Arendt, 2018). 행위는 생존의 요구나 생활의 필요에 따른 것이 아니라 인간 개성에 따른 실존적인 욕구와 다른 사람들과 함께 살아가야 한다는 필요에 따른 것이다. 행위는 제작과 달리 고립되어서는 불가능한 것이다(Arendt, 2018).

예를 들어 인간은 살기 위해 음식을 먹어야 한다. 이를 위해 나무를 직접 심고 길러서 과일을 먹을 수도 있고, 과일을 팔아서 얻은 돈을 소비해 다른 음식을 살 수도 있다. 이처럼 인간이 먹고살기 위해, 즉 생존을 위해 끊임없이 해야 하는 활동은 노동이다. 반면 보다 나은 생활을 위해 인위적으로 나무를 잘라서 의자를 만드는 활동을 했다면 이는 작업이다. 그리고 자신이 다른 사람과 달리 독특한 의자를 만들 수 있는 능력을 이야기하며 타인으로부터 인정을 받고자 한다면 이것은 행위라 할 수 있다.

AI의 무한한 능력 vs 인간 고유의 영역

AI는 생산직부터 사무직, 전문직까지 인간의 일자리를 잠식해 가며 인간의 노동을 대체하고 있다. 심지어 질병이나 장애를 겪고 있는 인간의 생물학적 신체 유지를 위해 필요한 일들, 예를 들면 인공 심장이나 생체 보조 기구를 작동하는 데도 AI가 사용된다.

창의적인 개발과 제작의 형태로 드러나는 작업에도 AI가 침투해 있다. AI가 인간의 노동을 상당 부분 대체할 것이라는 전망이 나오면서 많은 연구소와 전문가가 인간의 창의성이 발휘되는 영역은 AI가 대체하기 어려울 것이라고 전망했지만 AI는 예술과 창작의 영역까지 영향력을 미치고 있다. AI를 이용해 음악을 작곡하고, 그림을 그리는 것은 이미 대중화되었으며 게임 시나리오를 작성하거나 캐릭터를 디자인하는 것도 가능해졌다.

행위의 핵심은 타인과 함께 살아가는 데 있다는 점에서 노동, 작업과는 달리 표면적으로 AI가 대체하기 어려운 것으로 보인다. 하지만 AI 기술은 새로운 방법으로 인간의 행위를 대신하기도 한다. 대표적으로 의식이 없는 전신 마비 환자의 경우 타인과 의사소통을 할 수 없다는 측면에서 행위 자체가 불가능한 것으로 여겨졌고 이 때문에 인간의 존엄성과 기본권 측면에서 많은 논란이 있어 왔다. 하지만 최근 전신 마비 환자의 뇌에 칩을 심은 후 AI 기술을 적용해 뇌파를 분석하여 환자의 생각을 말이나 글로 바꿔서 소통할 수 있게 해 주는 기술이 실현되었다. 심지어 AI를 통해 인간뿐 아니라 동물과 의사소통하는 방안까지 가능하게 만드는 실험들도 진행되고 있다. 이런 측면에서 아렌트가 설명한 인간의 세 가지 근본 활동인 노동, 작업, 행위 세 영역 모두에서 AI의 대체는 계속 진행되고 있다.

그러나 AI가 인간의 모든 활동을 완벽하게 대체해 나가고 있는 것은 아니다. AI가 인간의 노동을 대체하도록 하기 위해서는 인간이 목적과 용도에 부합하는 AI 시스템을 만들고, 명령어 체계를 마련해야 한다. 또 내가 구현하고 싶은 음악, 그림, 영화를 만드는 과정에서 AI 기술의 도움을 받더라도 내가 요구하는 세부적인 내용을 위해서는 인간이 정확한 의도를 제시해야 한다. 무엇보다도 타인과 감정을 교류하며 소통하는 행위는 여전히 인간 고유의 영역으로 남아 있다. 수많은 양의 데이터를 기반으로 AI에게 인간이 느끼는 감정과 그에 따른 반응을 학습시키고 프로그래밍할 수는 있을 것이다. 실제로 수많은 사람의 얼굴 표정과 목소리 톤이 담긴 데이터를 이용해 감성 지능을 가진 AI를 만드는 시도는 계속되고 있으며 이러한 기술은 더 발전할 것이다. 하지만 그것은 AI가 인간의 뇌를 모방한 '인공지능'인 것과 마찬가지로 인간의 감정을 모방한 '인공감정'일 것이다.

약 80억 명에 달하는 세계 인구 중 똑같은 사람은 단 한 명도 없으며 심지어 쌍둥이도 미세하게 다른 얼굴로 다른 표정을 짓는다. 나라나 문화에 따라 특정한 상황에서 표출하는 감정의 표현과 대응 방식도 각기 다르다. 이러한 차이마저 AI가 따라갈 수 있을까. AI가 더 고도로 발전해 초지능이 되면 언젠가는 그것이 가능할지라도 인간이 인간에게 갖는 사랑, 연민, 기쁨, 슬픔, 분노, 증오와 같은 감정은 아직 인간 고유의 것이다.

참고문헌

매일경제(2016.5.2). AI 시대 사라질 직업 탄생할 직업, https://www.mk.co.kr/news/culture/7326586

서울신문(2024.2.6). AI와 인간의 '밥그릇 싸움' 시작…고학력·고소득 직업부터 대체된다, https://www.seoul.co.kr/news/economy/2024/02/06/20240206500213

홍원표(2011). 『아렌트: 정치의 존재이유는 자유다』. 한길사.

Arendt, H.(2018). *Human condition.* Chicago, London: The University of Chicago Press(with a new foreword by Danielle Allen, introduction by Margaret Canovan).

02
AI와 인간의 경계

AI 기술로 인간의 뇌와 컴퓨터가 연결되었다. 신체가 소멸한 이후에도 인간의 기억은 네트워크에 살아남을 수 있고 인간의 뇌에 사이보그 신체를 가진 새로운 존재가 탄생할 수도 있다. 그렇다면 AI와 인간의 차이를 우리는 어디서 찾을 수 있을까. 인간의 정신적 삶인 사유, 의지, 판단의 영역에서 인간과 기계의 경계를 생각해 본다.

AI와 MBTI?

인간의 뇌와 컴퓨터가 연결되는 시대

1995년 일본에서 개봉한 애니메이션 〈공각기동대〉의 주인공 쿠사나기 모토코는 뇌와 척수 일부를 제외하고 온몸을 의체화(義體化)한 사이보그다. 모토코의 뇌는 컴퓨터와 연결되어 있으며 기계로 된 육체는 손상될 때마다 수리하거나 교체할 수 있다. 모토코와 같은 사이보그는 죽지 않으며 신체가 소멸해도 네트워크에서 존재할 수 있다. 이 애니메이션의 배경은 2029년 네트워크가 지배하는 시대로 설정되었지만 이미 영화는 현실이 되었다.

일론 머스크(Elon Musk)가 창업한 생명공학 회사 뉴럴링크(Neuralink)는 2019년부터 뇌-컴퓨터 인터페이스(Brain-Computer Interface, BCI) 개발에 착수해 왔고 2024년 1월, 처음으로 사지 마비 환자의 뇌에 BCI 장치를 이식하는 데 성공했다. 이 장치는 작은 동전 크기 안에 데이터 처리 칩과 배터리, 통신 장치 등을 장착한 것으로 이를 통해 사지 마비 환자는 커서를 움직여 인터넷을 검색하고, 비디오를 보며 의사소통까지 할 수 있게 되었다. 머스크는 BCI 기술이 발달하면 기억을 읽거나 저장하는 것도 가능해질 것이며, 뇌를 직접 슈퍼컴퓨터나 AI와 연결해 초지능 같은 고도의 능력을 갖추게 하는 일까지 구상하고 있다고 밝혔다(조선일보, 2024.1.31).

머스크의 계획대로 인간의 뇌에 담긴 기억과 생각을 컴퓨터에 저장할 수 있게 된다면 인간은 생물학적인 신체가 더 이상 기능을 하지 못하더라도 네트워크에서 살아남을 수 있으며 〈공각기동대〉의 모토코처럼 사이보그 형태로 살아가거나 신체를 바꾸어 가며 존재할 수도 있다. 그렇다면 인간과 기계의 경계를 우리는 어디서 찾아야 할까. 사이보그의 신체에 나의 뇌를 이식한다면 그것은 나일까, 아닐까.

〈공각기동대〉에서 모토코가 자신의 자아와 존재를 인지하는 것은 결국 자신의 기억이나 의지와 같은 정신적 영역에 의해 이루어졌다. 모토코의 몸은 쉽게 바꿀 수 있는 것이지만 정신적 영역은 의도적으로 기억을 삭제하거나 왜곡해도 본래의 자의식과 본질을 바꾸기 어려운 영역으로 표현된다. 정신적 삶은 그만큼 우리 스스로 자아와 정체성을 인식하고, 인간을 인간답게 하는 데 가장 중요한 부분이다.

인간의 정신적 삶 – 사유, 의지, 판단

해나 아렌트(Hannah Arendt)는 인간의 조건을 '활동적 삶'과 '정신의 삶' 두 가지 측면으로 나누어 설명하며 '활동적 삶'의 세 가지 근본 활동이 노동, 작업, 행위라면 '정신의 삶'에 해당하는 세 가지 근본 활동은 사유, 의지, 판단이라고 보았다(Arendt, 1978). 정신의 삶이 갖는 주요한 특징은 비가시성(invisibility), 즉 보이지 않는 것에 있다. 사유, 의지, 판단과 같은 정신적 활동은 나 자신이 인지할 수는 있지만 외부에는 그 활동이 드러나지 않기 때문이다. 정신적 활동은 물리적 제약을 받지 않는다는 점에서 자율성을 지니며 우리가 삶을 영위하는 기준은 궁극적으로 정신의 삶에 좌우된다고 할 수 있다(Arendt, 1978).

아렌트에 따르면, 사유는 "나와 나 자신 사이의 소리 없는 대화라 할 수 있으며 모든 의식에 내재되어 있는 나와 나 자신 사이의 분열로 이해할 수 있다"(Arendt, 1978). 우리가 일반적으로 무언가를 사유한다고 할 때 그 대상이나 사물은 우리의 바로 눈앞에 있지 않다. 물론 눈앞에 있는 타인이나 사물에 대해 사유할 수도 있지만 그때 우리는 은밀하게 현상에서 이탈해 그 자리에 없는 것처럼 행동한다. 이런 점에서 모든 사유는 멈춰서 생각하기를 요구한다(Arendt, 1978).

우리가 내일 누구와 무엇을 먹을까 생각할 때 그 대상이나 음식은 바로 내 눈앞에 있는 것이 아니다. 또 지금 나와 대화를 나누고 있는 친구를 머릿속에 떠올리고 다른 생각을 한다면 그 순간 나는 대화를 나누고 있는 현실에서 벗어나게 된다. 이처럼 사유는 일상의 활동을 중단시키고, 현존하거나 가까이 존재하는 것에서 이탈하는 성격을 지닌다. 즉, 사유 활동의 자연스러운 조건은 '일정하게 머물 곳이 없음(homelessness)'에 있다(Arendt 1978).

의지는 사유와 달리 정신 활동에 머물지 않고 행위를 촉진하는 것이라 할 수 있다(홍원표, 2011). 의지는 두 가지 차원에서 발견될 수 있다. 하나는 다양한 대상이나 목표 가운데 무언가를 선택하는 능력, 다른 하나는 새로운 시작을 할 수 있는 능력이다(Arendt, 1978).

판단은 특수한 것과 일반적인 것을 결합하는 능력이라 볼 수 있다. 규칙, 원칙, 법칙과 같이 일반적인 것이 주어질 때 판단은 이러한 일반적인 것과 특수한 사례를 결합해서 볼 수 있는 것이며, 반대로 특수한 사례를 보더라도 가치를 결정하기 위해 보다 일반적이고 보편적인 것들까지 함께 보는 것이다(Arendt, 1978). 사유가 나와 자아 사이의 소리 없는 대화라면 판단은 나 이외의 다른 사람들과 소리 없이 나누는 대화라 할 수 있으며 정신 활동 가운데 가장 정치적인 것이라 할 수 있다(홍원표,

2011).

예를 들면 나의 꿈이 대통령이라고 가정할 때, 내가 에이브러햄 링컨(Abraham Lincoln)을 떠올리는 것은 사유에 해당한다. 사유는 시간적, 공간적 한계를 넘어서는 것이 가능하며 내가 링컨을 생각하는 순간 나는 하고 있던 일을 멈추고 현실에서 잠시 벗어나게 된다. 하지만 대통령에는 링컨만 있는 것이 아니다. 나는 링컨을 비롯해 다른 여러 대통령을 생각해 낼 수 있고 그중 어떤 사람을 나의 롤 모델로 삼을지 비교, 선택할 수 있다. 또 그러한 길을 따라가기 위해서는 무슨 일을 해야 할지 고민하며 새로운 행위를 하기 위한 결심을 한다. 이것은 의지의 영역이다. 마지막으로 판단은 내가 좋은 대통령이 될 수 있을지 대통령에게 요구되는 일반적인 사회적 기준과 통념, 그리고 나의 개인적인 사례와 특성을 종합해 성찰하는 능력이라 할 수 있다.

AI도 책임을 질 수 있을까

이러한 정신의 삶에 AI는 어떠한 영향을 끼칠 수 있을까. AI 융합 기술로 탄생한 BCI의 경우, 인간의 뇌에서 작용하는 전기 신호를 컴퓨터가 분석, 해독하고 저장할 수 있기 때문에 사실상 '머물 곳이 없음'을 특성으로 했던 사유의 본질은 달라질 수 있다. 머물 곳이 생기기 때문이다. 또 BCI를 통해 사지 마비 환자가 의사소통과 기본적인 활동을 할 수 있게 된 것은 인간에게 새로운 선택과 행위의 능력을 부여한 것이기 때문에 의지의 영역도 달라질 수 있다. AI는 판단의 영역에도 침투할 수 있다. AI는 이미 입력된 데이터와 프로그램을 기반으로 복잡한 연산과 통계를 거쳐 보다 종합적인 결론을 도출해 낼 수 있으며 일반적인 법칙과 특수한 사례를 조합해 더 많은 경우의 수를 검토할 수 있다.

하지만 AI가 지극히 개인적인 서사가 담긴 사유를 할 수 있을까. 예를 들면 챗지피티에게 이상형을 물으면 일반적인 답변을 다양하게 내놓을 수는 있겠지만 '우리 엄마나 아빠 같은 사람'과 같이 지극히 개인적인 이야기와 경험이 내포된 사유를 하기는 어려울 것이다.

또 AI가 프로그램되지 않은 부분까지 의지를 갖고 선택할 수 있을까. 이미 프로그램이 된 방향으로 AI가 진화하고 발전할 수는 있을 것이다. 하지만 위험이나 손해에 처할 걸 알면서도 자신에게 불리한 선택을 하는 인간의 의지를 따라 할 수 있을까. 인간은 때로는 자신의 목숨을 바쳐 다른 사람을 구하기도 한다. 객관적으로 그러한 행위를 선택했을 때 위험하다는 것을 알면서도 타인을 위해 희생하는 능력을 보여 준다. 이미 설계된 방침이 없는 상태에서 AI가 인간의 이러한 의지까지 모방할 수 있을지는 의문이다.

AI는 프로그램된 규칙에 따라 판단할 수는 있지만 스스로 판단할 수는 없다. AI 기술에 비판적인 입장을 갖고 있는 사람들이 가장 우려하는 문제도 바로 이것이다. AI는 인간의 명령어와 프로그램을 통해 가장 보편적인 기준에 부합하는 답변이나 결과를 내놓을 수는 있겠지만 인간처럼 주관적 판단, 감정적 판단, 윤리적 판단을 스스로 할 수는 없다.

무엇보다도 인간이 스스로의 판단에 책임을 져야 하는 것과 달리 AI는 판단에 책임을 지지 않는다. AI가 책임을 지는 방식은 인간과 명확하게 다르다. 인간에게 적용되는 벌금, 징역, 사형과 같은 처벌이 AI에게는 어떠한 처벌도 되지 않을 것이다. AI에게 가장 무거운 형벌은 프로그램 폐기와 삭제 같은 것이 될 것이다. 그것이 과연 책임을 지는 것이라 할 수 있을까. 인간의 정신적 삶과 그에 대한 책임의 영역, 이 지점에서 우리는 AI와 인간의 차이, 그리고 인간과 기계의 경계를 찾을 수 있지 않을까.

참고문헌

조선일보(2024.1.31). 또 세상을 놀라게 한 머스크, '텔레파시' 칩을 인간 뇌에 심었다, https://www.chosun.com/economy/science/2024/01/31/OK4VND5MEBGZHDSKOZMRE3DU6Q

홍원표(2011). 『아렌트: 정치의 존재이유는 자유다』. 한길사.

Arendt, H.(1978). *The life of the mind.* New York: Harcourt.

03
AI와 자유의 문제

챗지피티를 통해 인간은 시간적 · 공간적 제약을 벗어나 단 몇 초 만에 전 세계에 있는 수많은 정보를 효율적으로 활용할 수 있게 되었다. 표면적으로 인간은 더 많은 자유를 획득한 것처럼 보이지만 정말 AI가 인간의 자유를 확장하고 있는 것일까. 인간의 실질적 자유 측면에서 볼 때, AI가 인간의 자유를 포획하고 왜곡하는 문제에 대해 생각해 보고자 한다.

AI와 난임 극복?

AI의 일상화

과학기술정보통신부의 '2023년 인터넷 이용 실태 조사'에 따르면 대한민국 국민 2명 중 1명 이상은 일상에서 AI 서비스를 경험한 적이 있다고 응답했으며, 특히 6~19세(66.0%), 20대(61.0%), 30대(65.8%)에서 더 높은 경험률을 보였다. 일상에서 AI 서비스 경험을 가장 많이 한 생활 분야는 주거 편의(20.8%), 교통(16.6%), 교육·학습(14.6%), 커뮤니케이션·친교(12.9%) 순으로 나타났다. 또 챗지피티와 같은 생성형 AI 서비스 경험률을 묻는 질문에는 17.6%가 경험했다고 응답했다. 세대별로는 20대(33.7%), 30대(28.2%), 12~19세(22.8%), 40대(20.1%) 순으로 나타났으며, 이용 분야는 단순 정보 검색(79.5%), 문서 작업 보조(36.7%), 외국어 번역(28.7%), 창작이나 취미 활동 보조(8.6%), 코딩이나 프로그램 개발(4.8%) 등의 순이었다(오마이뉴스, 2024.3.28).

챗지피티와 같은 생성형 AI 서비스는 거대 언어 모델(large language model, LLM)을 기반으로 자연어 이해, 자동 번역, 내용 요약, 질의·응답 등의 영역에서 뛰어난 능력을 보여 주고 있다. 이를 통해 인간은 시간적·공간적 제약을 벗어나 스마트폰 하나만 있으면 침대에 누워서도 단 몇 초 만에 전 세계에 있는 수많은 정보를 효율적으로 수집, 정리할 수 있다. 이런 측면에서 볼 때 챗지피티는 인간에게 보다 많은 자유를 주고 있음이 분명해 보인다. 하지만 AI가 정말 인간의 자유를 확장하고 있는 것일까?

인간의 실질적 자유와 '자유로서의 발전'

자유의 개념을 바라보는 데는 다양한 관점이 존재한다. 일반적으로 고전적 자유주의자들은 자유를 "외부의 강제가 없는 상태"를 뜻하는 소극적 자유 측면에서 바라보고 현대 자유주의자들은 "개인의 발전과 번영, 자아실현"과 같은 적극적 자유를 강조한다. 반면, 보수주의자들은 자유를 "책임과 의무의 자발적인 인식"으로 간주하고 사회주의자들은 적극적 자유를 넘어 "집단적인 사회적 상호 작용을 통해 성취되는 자기 충족"을 지지한다. 또 무정부주의자들은 자유를 절대적 가치로 간주하며 "합리적으로 자신의 의지와 명령에 따르는 개인적 자율성의 성취"로 이해한다. 반면, 전체주의자들은 어떤 형태의 개인적 자유도 인정하지 않는다(김동현, 2024).

내가 원하는 장소와 시간에 AI 기술을 자유롭게 이용할 수 있는 것은 기본적으로 모든 국민에게 보편적인 자유 체계를 보장하고 있는 민주주의 체제하에서 가능하다. 또 현대 민주주의는 단순히 외부의 강제가 없는 소극적 자유를 넘어 개인의 행복 추구권을 적극적으로 보장하려는 현대 자유주의 이념을 지향하고 있다. 따라서 AI 기술과 인간의 자유를 논하는 데 가장 적합한 자유의 관점은 현대 자유주의자들의 시각이 될 것이며, 이 책에서는 적극적 자유의 개념에서 AI와 인간의 자유를 논하고자 한다.

"인간은 모두 자유롭게 태어났으나, 도처에 그를 옭아매는 사슬에 묶여 있다"(Rousseau, 2008). 18세기의 위대한 사상가인 장자크 루소(Jean-Jacques Rousseau)가 말한 것처럼 모든 인간은 자유롭게 태어났지만 사실 자유롭지 않다. 태어나는 순간 이미 자신이 선택하지 않은 국가, 사회, 가족의 테두리 안에 속한 채 끊임없이 타인과 관계를 맺고, 갈등을 겪으며 살아가야 하기 때문이다. 예를 들어 우리나라 헌법 제10조에 따르면, "모든 국민은 인간으로서의 존엄과 가치를 가지며, 행복을 추구할 권리를 가진다." 그리고 이런 원칙하에 헌법 제24조는 "모든 국민은 법률이 정하는 바에 의하여 선거권을 가진다"고 규정하고 있다. 이는 사회적 신분, 재산, 종교, 인종, 성별 등 어떠한 차이도 없이 일정 연령에 달하면 전 국민에게 동등하게 선거권이 부여되고 이를 자유롭게 행사할 수 있음을 명시하는 것이다.

하지만 법적으로 동등한 자유를 보장하고 있다 하더라도 모든 사람이 이러한 권리를 실제로 행사할 수 있는 것은 아니다. 만약 어떤 사람이 생계를 위해 편의점 아르바이트를 하느라 선거권을 행사할 수 없다면 형식적 자유는 보장된 것이지만 실질적 자유는 보장되지 않은 것이라 할 수 있다. 따라서 인간이 개인의 발전과 번영, 자아실현과 같은 적극적 자유를 실현하기 위해서는 실질적 자유가 보장되는 것이 중요하다.

아시아 최초로 노벨 경제학상을 받은 인도의 경제학자이자 철학자인 아마르티아 센(Amartya Sen)은 인간의 실질적 자유를 강조하는 '자유로서의 발전(development as freedom)' 개념을 제시한 바 있다. 센은 '발전'의 개념을 사람들이 향유하는 실질적 자유를 확장하는 과정이라고 규정했다. 이때 발전이란 우리가 향유하는 자유를 증진하는 것과 관련되어야 하며 자유의 확장은 우리의 삶을 더욱 풍요롭게 만들고 우리 자신의 의지를 실현하도록 하는 것을 의미한다(Sen, 2001). 발전에는 개인 소득의 증대, 산업화, 기술적 진보뿐만 아니라 사회적 · 경제적 제도, 정치적 · 시민적 권리 등의 확장도 포함되어야 한다. 가난, 독재, 빈약한 경제적 기회와 체계적인 사회적 박탈, 억압적인 정부 등은 부자유를 만들어 내는 주요한 원인이 될 수 있기 때문이다(Sen, 2001).

자유는 선택의 기회와 과정 두 가지 측면에서 모두 가치가 있다. 첫째, 자유로울수록 우리는 우리가 가치 있다고 여기는 목표를 추구할 기회를 더 많이 갖게 된다. 둘째, 자유로운 선택의 과정 자체도 중요하다. 이는 타인에 의해 방해받지 않고 특정한 것들을 보호하는 데 내가 결정권을 행사할 수 있는 것을 의미한다. 자유는 우리에게 주어진 기회뿐만 아니라 무언가를 선택하는 과정을 부여한다는 점에서 보다 폭넓게 바라볼 필요가 있다(Sen, 2010; Sen, 2017).

이런 관점에서 볼 때 AI는 분명 인간에게 더 많은 선택의 기회와 과정을 제공한다. 챗지피티는 더 빨리 더 많은 정보를 제공함으로써 내가 써야 하는 보고서를 더 빨리 끝낼 수 있는 기회를 제공한다. 이를 통해 나는 일 이외에 나를 위해 할 수 있는 다른 활동, 예를 들면 운동이나 여가 활동 중 더 하고 싶은 일을 결정할 수 있는 선택의 과정도 부여받게 된다. 하지만 이것만으로 AI가 인간의 자유를 확장한다고 단언할 수 있을까.

자유의 포획 vs 자유의 의지

센은 자유를 확장하기 위해 가장 중요한 것이 역량의 증대라고 보았다. 자원이나 기초재를 분배하는 것도 중요하지만 자원과 기초재를 자유로 전환하는 것은 사람의 역량에 따라 상당한 차이가 날 수 있기 때문이다(Sen, 1995). 예를 들면 챗지피티를 사용할 수 있는 기회가 주어지는 것과 챗지피티를 사용할 수 있는 능력은 구별되어야 한다. 누구나 사용할 수 있는 오픈 소스(Open Source)로 챗지피티 사용의 기회가 모두에게 동등하게 주어진다고 해도 챗지피티를 모르거나 사용법이 익숙하지 않은 사람들은 챗지피티를 적극적으로 활용하기 어렵다. 또 챗지피티가 제공하는 내용에는 잘못된 정보나 사실이 아닌 것도 포함되어 있다. 이를 이른바 '환각 현상'이라고 부른다. 이러한 가운데 챗지피티가 제공한 정보에만 의존하거나 챗지피티가 수집한 잘못된 정보나 편향된 내용을 무분별하게 받아들인다면 이는 오히려 인간의 자유로운 사고와 판단을 저해하는 결과를 초래할 것이며 궁극적으로 인간의 역량을 감소시킬 수도 있다.

AI가 인간의 역량에 부정적인 영향을 미치거나 인간의 자유를 침해하는 양상은 직접적, 가시적으로 나타나

기보다 간접적이고 은밀한 형태로 나타날 수 있다. 유승익(2023)은 두 가지 방식으로 AI가 인간의 자유를 포획(capture)하며 자유의 핵심적 내용들을 변형할 수 있다고 지적한다. 첫째, AI 시스템이 인간을 대신해서 직접 결정하도록 위임하는 경우다. 이 경우 이미 인간이 AI 시스템이 결정하는 데 '동의'했기 때문에 직접적으로 AI가 인간의 자유를 침해했다고 말하기는 어렵지만 AI가 인간의 자유에 저해가 되는 결정을 한다고 해도 사용자의 '동의'를 통해 이러한 AI의 통치는 저항 없이 이루어질 수 있다. 둘째, AI 기술이 제공하는 정보를 통해 인간이 결정을 내리는 경우다. 인간은 취득한 정보를 통해 결정을 내리며 AI가 제공하는 정보를 이용하는 데는 어떠한 외부적 강제나 폭력이 개입되지 않는다. AI가 제공하는 알고리즘은 그저 개인과 집단이 갖는 기존의 선호나 신념을 반복적으로 강화할 뿐이다. 하지만 이는 결과적으로 객관적인 판단을 저해하고 양극화를 초래할 수 있다. 결국 자유는 외재적으로 제약되는 것이 아니라 내재적으로 왜곡되는 것이다(유승익, 2023).

우리가 AI 시스템에 의사 결정을 위임하거나 AI 알고리즘이 제공하는 정보에 전적으로 의존하게 되는 순간 우리의 역량은 감소하고, 우리의 자유는 우리 자신도 모르게 서서히 AI에 포획당할 것이다. 이러한 상황에서 우리가 염두에 두어야 할 것은 우리 스스로 우리의 자유를 인식하고 지키려 노력해야 한다는 것이다. "인간에게 모든 것을 빼앗아 갈 수 있어도 단 한 가지 인간의 자유, 주어진 환경에서 자신의 태도를 결정하고, 자기 자신의 길을 선택할 수 있는 자유만은 빼앗아 갈 수 없다"(Frankl, 2017). 죽음의 수용소였던 아우슈비츠(Auschwitz)에서 기적적으로 생존한 빅터 프랭클(Viktor Frankl)의 깨달음처럼 중요한 것은 어떠한 상황에서도 우리 스스로 자유를 확보하려는 노력일 것이다.

AI 시대에 인간의 자유가 포획당하고 왜곡되는 상황에서도 우리는 자유의 본질을 사유하고, 자유의 권리를 지탱하며, 자유의 확장을 모색해 나가야 한다. 이를 위해서는 AI 기술을 내 삶에 보탬이 되도록 선택하고 결정할 수 있는 역량, 그리고 정보의 신뢰도를 분별하고 보다 종합적인 판단을 내릴 수 있는 역량을 증대해야 할 것이며, 이러한 역량들이 인간의 존엄성과 기본권처럼 보장되는 방향으로 우리가 만들어 나가야 할 것이다.

참고문헌

김동현(2024). 『자유의 포착』. 앨피.

오마이뉴스(2024.3.28). 국민 17.6% “챗지피티 등 생성형 AI 서비스 써봤다”, https://www.ohmynews.com/NWS_Web/View/at_pg.aspx?CNTN_CD=A0003015075

유승익(2023). 인공지능이 인권과 민주주의에 미치는 영향과 인공지능법안의 쟁점. ≪민주법학≫, 82호, 77-105쪽.

Frankl, V. E.(2006). *Man's searching for meaning.* Beacon Press. 이시형 옮김(2017). 『죽음의 수용소에서』. 청아출판사.

Rousseau, J. J. (2008). *The social contract.* New York: Oxfor University Press.

Sen. A.(1995). *Inequality reexamined.* Cambridge, Mass.: Harvard University Press.

Sen. A.(2001). *Development as freedom.* Oxford: Oxford University Press.

Sen. A.(2010). *The idea of justice.* London: Penguin Books.

Sen. A.(2017). *Collective choice and social welfare.* Cambridge, Mass.: Harvard University Press.

04

AI와 평등의 문제

AI 시대에는 계급을 나누는 잣대가 학력이나 경력, 신체적 능력이 아니라 AI 플랫폼이 될 것으로 전망된다. 소수의 플랫폼 소유주들에게 막대한 부와 가치가 집중되는 시대에 플랫폼 소유주가 될 기회는 과연 누구에게나 평등하게 주어져 있다고 할 수 있을까. 경제적 불평등이 기회의 불평등, 역량의 불평등을 증폭하는 문제에 대해 생각해 본다.

AI와 사주?

신계급 사회의 도래

AI 기술을 도입한 배달 플랫폼에서 음식을 주문하면 시스템은 고객의 주문을 파악해 음식점 주인과 배달 라이더에게 주문 내역을 전달한다. 그리고 AI 플랫폼은 조리 시간과 라이더의 위치를 모두 계산해서 고객에게 실시간 상황을 공유해 주고 라이더에게 가장 빠르고 정확한 배달 동선을 제시한다. 그 대가로 배달 플랫폼은 별도의 노동 없이도 주문마다 10% 정도의 수수료를 취하고 있다. 하지만 음식점 주인이나 라이더들은 소득을 위해 반드시 노동을 해야 한다. 특히 라이더들은 주문이 발생하는 경우에만 서비스의 제공, 즉 노동이 가능한 구조에 놓여 있다. 로봇이나 드론이 배달 업무를 대체해 간다면 라이더들은 일자리를 잃을 것이며 결국 소득이 없는 빈곤 상태에 이를 수 있다.

이러한 현상이 극단으로 치달으면 '신계급 사회'가 도래할 수도 있다. 서울대 유기윤 교수 연구 팀은 2090년 미래에 계급을 나누는 잣대는 전문성, 학력, 신체 능력이 아닌 AI 플랫폼이 될 것으로 내다봤다. 시뮬레이션 결과 플랫폼 소유주가 최상위 1계급이 되며 플랫폼에서 큰 영향력을 지닌 정치 엘리트와 예체능 스타, 소수의 창의적 전문가 등 플랫폼 스타가 2계급이다. 3계급은 인간이 아닌 사회 전반의 일자리를 대체한 AI다. 그리고 4계급은 '프레카리아트(precariat)' 계급이다. 프레카리아트는 불안정을 뜻하는 '프리케리어스(precarious)'와 노동자 계층을 의미하는 '프롤레타리아트(proletariat)'의 합성어로 비정규직, 파견직 등 불안정 노동자를 일컫는 말이며 AI 시대에는 플랫폼에 접속해 프리랜서처럼 살아가는 다수의 사람이 여기에 포함된다(한겨레, 2024.6.11).

소득 불평등과 역량의 박탈

문명의 디지털 전환에 잠복해 있는 야만 중 가장 큰 문제는 바로 이러한 초격차 사회의 도래라 할 수 있다. AI가 지휘하는 디지털 전환 속에서 경제적 불평등은 급속하게 악화하고 있으며 천문학적 부가 디지털 전환을 견인하는 극소수의 과학 기술자와 자본가에게 집중되는 탈노동 초격차 사회로 인간들은 휘말려 들어간다. 반면 노동자들은 점차 일의 의미를 잃어 가고 있다. 이러한 탈노동 초격차 사회에서는 과학 기술과 자본의 융합에서 소외된 대다수의 인간이 가속적으로 증폭되고 미래에 대한 불안에 시달리게 된다(이종관, 2021). 제4차 산업 혁명을 화두로 제시한 슈바프 역시 불평등이 악화 일로로 치달을 것이라 예견한 바 있다. 특히 불평등의 문제는 대부분 노동과 생산에서 발생할 것이고 주요한 혜택과 가치는 시장을 지배하는 강력한 몇몇 소수 플랫폼으로 집중되는 현상이 초래될 것이라고 보았다(Schwab, 2016).

그렇다면 이러한 소득 불평등과 격차의 심화는 과연 어쩔 수 없는 문제일까. 모든 인간에게는 동등한 자유와 평등의 권리가 주어져 있으니 플랫폼의 소유주가 되느냐, 플랫폼의 노동자가 되느냐 하는 문제는 결국 개인의 능력에 따른 것이며 개인이 감당해야 하는 문제라고 생각하는 사람들도 있을 것이다. 하지만 플랫폼 소유주와 노동자에게 정말 평등한 기회가 주어졌다고 할 수 있을까. 애초에 플랫폼 소유주가 될 수 있는 역량을 박탈당한 상황은 아니었을까.

아마르티아 센(Amartya Sen)에 따르면 인간의 역량 박탈에 영향을 주는 것에는 여러 가지가 존재하지만 그 중에서도 가장 주목해야 할 요소는 불충분한 소득, 즉 빈곤의 문제다. 낮은 소득과 낮은 역량의 도구적 관계는 서로 다른 공동체, 심지어 가정이나 개인에 따라서도 달라진다. 소득과 역량의 관계는 개인의 나이, 성별과 사회적 역할, 지역, 환경 등 다양한 요소에 의해 강력한 영향을 받는다. 그리고 소득의 결핍과 역량의 박탈이 결합하면 심각한 불평등을 초래할 수 있다(Sen, 2001).

만약 A라는 사람이 부유한 집안에서 태어나 남들보다 더 좋은 교육을 받고 자랐다면 플랫폼 소유주가 될 가능성도 높아진다. 게다가 여유 있는 경제력과 수준 높은 교육은 A가 정치적 · 시민적 권리를 향유하는 역량도 강화해 줄 것이며 궁극적으로 시장과 국가에서 우월한 위치에 오를 확률도 높여 준다. 반대로 B라는 사람이 빈곤층에서 태어났다면 상대적으로 좋은 교육을 받을 기회를 획득하기 어렵고 학업에 집중하기 어려울 것이다. 좋은 아이디어와 잠재력이 있다 해도 그의 역량을 온전하게 발휘하기 어려워 플랫폼 소유주가 될 가능성은 낮아진다. 소득 불평등은 소득을 역량으로 전환하는 기회의 불평등과 결합될 가능성이 높으며 실질적 자유의 불평등으로 옮겨 가며 문제를 더 증폭할 수 있다(Sen, 2001).

불평등 문제와 더불어 차별의 문제도 존재한다. 만약 기업에서 신입 사원을 채용할 때 AI를 통한 분석과 알고리즘의 판단에만 의존한다면 소득의 빈곤으로 역량의 박탈을 겪은 사람들은 학력과 경력 면에서 전적으로 불리한 위치에 놓일 것이며, 블라인드 테스트 채용이나 대면 면접에서 포착할 수 있는 지원자의 잠재력은 아예 배제될 수 있다. 인종과 젠더의 문제도 야기될 수 있다. AI가 기존의 통계에만 의존해 출산과 육아로 휴직 기간을 갖는 여성보다 일반적으로 근속 연수가 높은 남성을 관리직으로 선호하는 결과를 내놓는다거나 흑인이 범죄를 저지를 확률이 높다는 분석 결과를 제시한다면 심각한 차별의 문제를 양산할 것이다. 기업들은 자신들의 이익을 고려해 AI 기술에 의한 차별적인 결과를 정당화할 수도 있다.

평등한 존재, 평등한 자유

자유를 확장한다는 의미는 더 많은 선택의 기회와 과정을 얻는다는 데 있으며 이러한 자유는 누구에게나 평등하게 주어져야 한다. 하지만 배달 플랫폼의 사례에서 알 수 있듯이 AI 기술의 진보는 모두에게 평등한 자유가 아니라 일부 또는 특정 계층의 자유를 확장하는 방향으로 전개될 가능성이 농후하다. AI 기술과 경제적 요인의 결합은 역량의 박탈을 야기하고 더 나아가 기존의 불평등 구조를 악화하거나 새로운 불평등을 양산하는 악순환을 가져올 수도 있다.

자유는 평등한 권리를 때로는 불평등으로 바꾸어 놓을 수 있다. 자유로운 사회는 모든 시민이 평등한 자유와 권리를 누려야 한다고 강조한다. 대표적인 것이 언론, 출판, 집회, 종교, 재산의 자유, 공정한 재판 및 변호인의 도움을 받을 권리 등 적법한 절차와 관련된 절차적 권리다. 그러나 자유는 평등한 권리를 때로는 불평등으로 바꾸어 놓을 수 있으며 몇몇 개인이 다른 사람들보다 더 나은 교육, 더 많은 부, 더 많은 힘을 누릴 수 있는 토대를 제공하기도 한다. 자유로운 사회에서 '불리한 위치'에 처한다는 것은 평등한 권리를 갖되 이것을 효과적으로 활용할 능력이 없거나 그렇게 하는 데 실패하는 것을 의미한다(Wolin, 2020).

역량의 중요성을 강조하는 것이 역량의 평등을 요구하는 것은 아니다. 모든 인간의 역량을 평등하게 만드는 것은 합리적인 일이 아니며 가능한 일도 아니기 때문이다. 역량을 강조하는 관점의 핵심은 역량의 평등이 아니라 역량의 확대에 있다. 현대 민주주의 사회에서 평등의 가치는 모든 사람에게 모든 것이 똑같이 평등하게 분배되어야 한다는 것을 의미하는 것이 아니다. 원칙은 사람들이 서로 간에 맺고 있는 관계, 국가가 모든 사람과 맺고 있는 관계가 평등하다는 것이다. 즉, 재화와 분배의 측면에서 모두 평등하게 분배되어야 한다는 것, 물질적 평등을 의미하는 것이 아니라 '평등한 존재로서 대우하는 것'을 의미한다고 볼 수 있다(Swift, 2011).

소득과 역량, 자유와 평등 사이의 관계가 불변의 진리

처럼 변하지 않는 것은 아니다. 우리가 소득을 다른 기능들로 전환할 때 서로 다른 유형의 우연적 요인들이 관여할 수 있고 이러한 관여는 우리가 향유하는 삶의 양식을 결정할 수 있다(Sen, 2001). 이런 측면에서 국가가 불평등 문제에 관여하는 것은 매우 중요하다. AI 시대에 양산될 불평등과 초격차 사회의 문제를 완화하기 위해서는 국가가 소득 격차 문제에 개입하거나 소득 대체 정책을 검토할 필요가 있다.

AI가 가져올 파괴적 변화를 피할 수 없는 것은 사실이지만 그 변화의 쓰나미를 무력하게 맞고 있는 것이 우리가 해야 할 일은 아니다. 그 피해를 막기 위한 방지 시설을 설치하고, 사람들을 보호할 수 있는 대책을 마련하는 것이 바로 우리가, 그리고 국가가 해야 할 일이다.

참고문헌

이종관(2021). 디지털 전환, 구글 글래스 & 포스트코로나를 향하는 인간의 눈. 한국철학회 편. 『현대 과학과 철학의 대화』(244-289쪽). 한울아카데미.

한겨레(2024.6.11). 인공지능, 시장에 맡기면 '신계급사회' 닥칠 수 있다, https://www.hani.co.kr/arti/economy/heri_review/1144112.html

Schwab, K.(2016). *The Fourth industrial revolution. World*

Economic Forum. 송경진 옮김(2016). 『제4차 산업혁명』. 새로운현재.

Sen. A.(2001). *Development as freedom*. Oxford: Oxford University Press.

Swift, A.(2006). *Political philosophy*. Polity Press. 김비환 옮김(2011). 『정치의 생각』. 개마고원.

Wolin, S. S.(2004). *Politics and vision*. Princeton University Press. 강정인 외 옮김(2020). 『정치와 비전 3』. 후마니타스.

05
AI와 정의의 문제

유전자 편집과 AI 기술을 접목하면 인간의 질병 치료는 획기적인 전환점을 맞이할 것으로 전망된다. 하지만 이러한 기술을 사용하는 데는 막대한 비용이 요구된다. 경제적 능력에 따라 인간의 건강과 수명, 행복 추구의 기회가 결정되는 것은 과연 정의로운 것일까. 새로운 기술이 제공하는 가치와 혜택의 분배 문제를 정의의 관점에서 논해 보고자 한다.

AI와 아이돌?

인간의 한계를 극복하는 AI 융합 기술

2023년 머신 러닝과 신경 과학을 기반으로 인간의 지능을 분석하고 구현하는 구글 딥마인드(Google DeepMind)는 질병 유발 유전자 변이를 예측하는 AI 모델 '알파미스센스(AlphaMissense)'를 개발했다(Avsec & Cheng, 2023). 2024년에는 AI 기반 단백질 설계 회사인 프로플루언트(Profluent)에서 인간 DNA를 편집할 수 있는 AI 도구 '오픈크리스퍼-1(OpenCRISPR-1)'을 출시했다(Bhatnagar et al., 2024).

AI 융합 기술을 통해 심각한 질병에 시달리고 있는 환자가 질환을 치료하고 보다 잘 살 수 있는 희망과 기회를 가질 수 있다면 이는 매우 고무적인 일이다. 문제는 이 치료법을 선택할 수 있는 기회가 소수에게만 제한될 가능성이 높다는 데 있다. 예를 들어 미국 식품의약국(U.S. Food and Drug Administration)은 2023년 단일 돌연변이 유전자로 인한 쇠약성 혈액 질환인 낫형 세포병(sickle cell disease)과 관련해 유전자 편집 치료제인 카스게비(Casgevy)의 사용을 처음으로 승인했다. 하지만 이 치료법을 활용할 수 있는 의료 기관은 매우 제한적이며, 이를 사용하는 데 필요한 비용은 220~310만 달러(약 29~40억 원) 수준에 이른다(U.S. Food and Drug

Administration, 2023.12.8).

새로운 행복 추구의 기회와 정의로운 분배

앞으로 유전자 분석 및 편집 기술과 AI 기술이 융합하면 더 획기적인 치료법이 등장할 것으로 전망된다. 하지만 이러한 치료법은 막대한 경제적 비용을 필요로 할 것이다. 경제적 비용을 감당할 수 있는 사람은 질병을 치료하고 살아갈 수 있지만 그렇지 못한 사람은 계속 고통에 시달리거나 죽음에 이르게 되는 것이다. 경제적 능력이 인간의 건강과 수명, 그리고 행복 추구의 기회를 전적으로 결정짓는 이러한 현상은 과연 정의롭다고 할 수 있을까.

세계 인권 선언뿐 아니라 주요 선진국의 헌법들은 모든 사람에게 행복을 추구할 권리가 동등하게 주어진다고 규정한다. 보다 잘 살고자 하는 인간의 욕망은 자연스러운 것이며 누구나 이러한 삶을 추구할 권리가 있기 때문이다. 그리고 첨단 AI 기술들은 인간이 더 건강하게, 더 오래 행복을 추구하며 살 수 있는 가능성을 높여 주고 있다. 그렇다면 AI 기술을 통해 보다 잘 살 수 있는 기회는 어떻게 부여되는 것이 정당할까. 건강권은 인간의 기본적인 권리이니 전 국민에게 보편적으로 보장하는 것이 옳은 걸까, 아니면 새로운 재화이자 서비스이니 합당한 금액을 지불할 능력이 있는 사람이 선택하도록 하는 것이 옳은 걸까.

이러한 질문과 관련된 것이 바로 정의의 문제에 관한 것이라 할 수 있다. 정의의 가치와 실천은 근본적으로 정치적인 것이며 정의는 정치적 공동체에 질서를 부여하는 기준이라 할 수 있다(Aristotle, 2013). 정의에 관한 가장 포괄적인 기초를 세운 아리스토텔레스(Aristotle)는 정의를 '넓은 의미의 정의(일반적 정의)'와 '부분적 정의'로 구분했다. '넓은 의미의 정의'는 일반적으로 법에 부합하는 행위나 도덕적 규범에 따르는 행위를 말한다. '부분적 정의'는 사회적 관계 속에서 생겨나는 가치나 이익 등의 결과물에 대해 그 사회의 구성원들 각자가 합당한 몫을 갖는 것을 말한다. '부분적 정의'는 다시 '분배적 정의(distributive justice)'와 '교정적 정의(corrective justice)'로 나눠서 볼 수 있는데 '분배적 정의'는 명예와 부를 비롯해 정치 체제를 함께하는 사람들 사이에서 분할 가능한 자산이나 가치를 합당하게 배분하는 것, '교정적 정의'는 개인들의 상호 작용에서 이익과 손실을 산술적 비례에 따라서 평등하게 하는 것을 의미한다(Aristotle, 2011).

정의라는 도덕적 개념을 정치철학 체계로 이론화한

정치철학자 존 롤스(John Rawls)는 '공정으로서의 정의'라는 개념을 통해 모든 시민이 자유에 관한 가치 체계와 평등한 기회를 동등하게 보장받을 수 있는 사회 체제에 대해 고민했다. 그는 정의에 대한 개념이 갖는 뚜렷한 역할은 기본적 권리와 의무를 구체화하고 적절한 분배의 몫을 결정하는 것이라고 보았다. 롤스에 따르면, "정의의 원칙은 모든 사회적 가치에 적용되는데 여기에는 자유와 기회, 소득과 부, 그리고 자기 존중에 대한 사회적 기반 등이 해당되며 이러한 가치는 불평등한 분배가 모든 사람의 이익에 부합하는 것이 아니라면 평등하게 분배되어야 한다"(Rawls, 1999).

모든 사람은 어떠한 조건에서 태어나든지 기본적인 교육을 받을 권리, 자아를 실현할 기회 등을 동등하게 보장받아야 한다. 만약 누군가 신체적, 정신적 제약을 갖고 태어나 이러한 권리를 동등하게 누릴 수 없다면 이러한 계층이 최대한 권리를 향유할 수 있도록 사회적 기본재(primary goods)의 분배를 재검토할 필요가 있다. 인간에게는 자유와 평등, 자아실현의 기회와 같이 우리의 삶에 가장 중요한 무형의 가치가 존재한다. 이런 가치는 정치적 거래나 사회적 이익으로 계산 가능한 것이 아니다. 하지만 이러한 가치를 어떻게 분배하는 것이 정의로운 것인가를 논하는 것은 매우 어려운 일이다.

미국의 정치철학자 마이클 샌델(Michael Sandel)은 다음과 같이 정의의 문제를 생각했다. "사회가 정의롭다고 할 수 있는 것에 대한 질문은 우리가 소중히 여기는 것들, 예를 들면 소득과 부, 의무와 권리, 권력과 기회, 공직과 영광 등을 어떻게 분배하는지를 묻는 것이다. 정의로운 사회는 이러한 재화를 올바른 방식으로 분배한다. 정의로운 사회는 개인에게 합당한 몫을 나누어 준다. 어려운 질문은 누가, 왜 받을 자격이 있는가를 묻기 시작할 때 시작된다."(Sandel, 2010) 즉, 정의에 관한 기본적인 개념을 사회적으로 수용하고 있더라도 샌델의 지적처럼 누가, 왜, 얼마큼 받을 자격이 있는가를 묻기 시작하면 정의는 현실에서 실현하기 매우 어려운 문제가 된다.

AI 시대 정의의 필요성

AI 유전자 편집은 유전적으로 발생한 질병을 치료할 수 있을 뿐 아니라 아기가 탄생하기 전에 이미 유전적 변이를 예측해 질병을 유발하는 유전자를 편집 또는 제거한 채 태어나도록 할 수 있다. 물론 엄청난 경제적 비용을 필요로 할 것이다. 자유를 중시하는 관점에서 생각하면 이러한 기술을 사용하는 선택은 오롯이 개인의 자유로운 결정과 능력에 맡겨 두는 것이 바람직하다. 하지만 정의의 관점에서 볼 때, 이러한 기술을 사용하는 문제는 더 많은 것을 고려할 필요가 있다.

첫째, 사회적으로 이러한 기술을 허용하게 된다면 충분한 경제적 부를 소유한 집안에서 태어난 아기는 애초에 질병의 가능성을 제거한 채 태어날 수 있고 더 건강하게, 더 오래 살 확률이 높아질 수밖에 없다. AI 융합 기술이 야기할 수 있는 불평등의 성격은 인간의 탄생 이후 벌어지는 사회적 · 경제적 불평등이 아니라 탄생 이전부터 불평등이 발생하는 원초적 · 존재론적 불평등이 될 수 있고, 불평등의 유전까지 가져올 수도 있는 것이다. 이 경우 모든 인간은 자유롭고 평등하게 태어났다고 간주하는 민주주의의 전제까지 흔들리게 된다.

둘째, AI 유전자 편집과 같은 기술이 바람직하게 쓰인다 하더라도 그것이 이후에 인간의 유전자에 어떤 문제나 부작용을 초래할지는 아직 아무도 모른다. 유전자의 유전과 변이, 그리고 새로운 조합과 재생산 여부에 따라서 이러한 시도는 인류 전체에 영향을 끼칠 수도 있다. 따라서 인간의 생명과 관련된 AI 기술을 선택하거나 허용하는 문제는 개인의 자유나 능력을 넘어 인류 전체 차원에서 바라볼 필요가 있다.

셋째, AI 융합 기술은 불특정 다수의 인류 유전체나 데이터를 연구하며 도출된 것으로 특정 기업이나 개인이 지식에 대한 독점권을 갖는 것이 합당하지 않은 측면이 있다. 이러한 경로로 취득한 상품과 서비스라면 보다 많은 사람에게 제공되는 것이 바람직하다고 볼 수 있다.

AI 유전자 편집을 비롯해 AI 융합 기술은 새로운 가치, 기회, 혜택 등이 어떻게 분배되는 것이 좋은지 정의의 개념과 관련해 앞으로 더 다양한 문제를 제기할 것으로 예상된다. 그렇다면 국가는 무엇을 해야 할까. 국가마다 정치적 배경과 사회적 환경, 문화적 정서, 종교적 영향 등이 다르기 때문에 정의의 가치가 현실적으로 반영되는 과정과 결과는 조금씩 다르게 나타날 수 있다. 다만, 한 가지는 공통적인 기준이 되어야 할 것이다. 바로 각 개인이 '자아실현'을 이룰 수 있도록 최소한의 기본재를 제공하며 시민적 최저선(civic minimum)을 보장하는 문제다(Seaman, 1978) 국가는 구성원들이 사회적 기여를 할 수 있도록 자기 발전의 기회를 제공할 의무가 있으며 그것은 곧 미래 사회를 위한 투자가 될 것이다(Hobhouse, 1922).

참고문헌

Aristotle(2011). *Nicomachean ethics*. Chicago, London: The University of Chicago Press(Translated by Carnes Lord).

Aristotle(2013). *Politics*. Chicago, London: The University of Chicago Press(Translated by Robert C. Bartlett & Susan D. Collins, Second Edition).

Avsec, Ž., & Cheng, J.(2023.9.19). A catalogue of genetic mutations to help pinpoint the cause of diseases. *Google Deepmind*, https://deepmind.google/discover/blog/a-catalogue-of-genetic-mutations-to-help-pinpoint-the-cause-of-diseases

Bhatnagar, A., Nayfach, S., Gallagher, J., & Ruffolo, J.(2024.4.22). Editing the human genome with AI, https://www.profluent.bio/media/editing-the-human-genome-with-ai

Hobhouse, L. T.(1922). *The elements of social justice*. New York: Henry Holt and Company.

Rawls, J.(1999). *A theory of justice*. Cambridge, Mass.: Harvard University Press(Revised Edition).

Sandel, M.(2010). *Justice: what's the right thing to do?*. New York: Farrar, Straus and Giroux(First Paperback Edition).

Seaman, J. W.(1978). L. T. Hobhouse and theory of social liberalism. *Canadian Journal of Political Science, 11*(4), pp.777-801.

U.S. Food and Drug Administration(2023.12.8). Approves first gene therapies to treat patients with sickle cell disease, https://www.fda.gov/news-events/press-announcements/fda-approves-first-gene-therapies-treat-patients-sickle-c ell-disease

06
AI와 권력의 문제

현대 사회는 감시의 사회다. 도처에 CCTV가 설치되어 있고, CCTV와 연결된 AI 안면 인식 시스템은 실시간으로 개인의 신원을 확인한다. 그리고 이러한 시스템이 권력과 결합하면 AI는 전 국민을 감시할 수 있는 장치로 악용될 수 있다. 독재와 권위주의를 향한 욕망이 AI 기술과 권력을 결합하려 한다면 민주주의 수호에 대한 열망 역시 기술과 결합해야 한다.

AI와 야구?

AI 빅 브라더의 탄생

대형 화면에 사람과 차량이 오가는 모습이 보인다. 움직이는 물체 위에 작은 사각형이 나타나고 그 속에 문자가 적혀 있다. 각각의 사람과 차량에 관한 정보가 그 위에 중첩되어 나타난다. 갑자기 경고음이 들리고, 한 사람의 얼굴이 부각된다. 그 사람은 수배자이고 즉시 경찰에 통보된다. 영화의 한 장면 같은 이 영상은 중국 정부가 공개한 실시간 영상 감시 시스템 '텐왕(天網)'에서 나온 것이다. '하늘의 그물'이라는 의미의 텐왕은 중국 정부가 범죄 추적을 목적으로 2015년부터 구축하기 시작한 시스템이다(한겨레, 2017.10.23).

전국 도처에 설치된 CCTV에 AI 안면 인식 기술을 연결한 이 시스템은 정부의 데이터베이스와 연동되어 특정인의 신원을 바로 확인해 낼 수 있고 위치 정보를 이용해 추적도 가능하다. 이러한 시스템은 도주 중인 범죄자를 찾아내고, 위험을 미리 감지해 국가와 국민의 안전을 위한 중요한 기능을 수행할 수 있다. 하지만 사생활 침해와 개인 정보 유출의 문제가 존재하며 무엇보다도 이러한 기술이 악용되면 조지 오웰(George Orwell)의 소설 『1984』에 나오는 '빅 브라더(Big Brother)'처럼 모든 개인의 일거수일투족을 감시하고, 정보를 독점하며 사회를 통제하는 일이 일어날 수 있다. 즉, AI 빅 브라더가 탄생할 수 있는 것이다. 안전을 이유로 권력이 정보를 독점하고 개인을 감시하는 것은 정당화될 수 있을까.

AI 패놉티콘

권력과 정보의 결합은 점점 중앙 집중적인 성격을 강화한다. 예를 들어 우리는 마트, 백화점, 인터넷 쇼핑몰 등 다양한 곳에 회원 가입을 해 왔고 데이터는 각기 분산되어 있었다. 하지만 최근에는 기업들이 점점 계열사의 회원 정보를 통합 관리하는 추세가 되었고 데이터는 사용자나 관리자의 효율성과 편의성을 중심으로 점점 중앙 집중화되었다. 이러한 중앙 집중적 성격이 단적으로 나타나는 시스템이 바로 패놉티콘(panopticon)이다.

패놉티콘은 영국의 법학자이자 철학자인 제러미 벤담(Jeremy Bentham)이 교도소의 효율적인 감시 체제를 목적으로 고안한 것이다. 벤담이 구상한 교도소는 원형의 건물로 되어 있으며 죄수들이 수감되어 있는 방이 둘레에 배치되어 있다. 중앙에는 감독관들이 머무는 탑이 있고 이 탑에서 감독관들은 바깥을 환히 내다볼 수 있지만 그들을 드러내지는 않는다. 감독관은 필요한 때만 자신의 존재를 드러낼 수 있다. 즉, 패놉티콘은 모든 것을 한눈에 파악할 수 있는 시스템을 의미한다(Bentham, 2008).

프랑스의 철학자인 미셸 푸코(Michel Foucault)는 패놉티콘이 '바라봄-보임(see-being seen)'의 결합을 분리하는 장치라고 보았다. 중앙부의 탑 속에서는 모든 것을 볼 수 있지만 결코 보이지는 않기 때문이다. 누구라도 이 장치를 작동할 수 있기에 이 장치하에서는 누가 권력을 행사하느냐도 별로 중요하지 않다. 패놉티콘 장치를 사용하면 폭력적인 수단을 사용하지 않고도 효율적인 감시 및 통제를 통해 권력의 효과와 강제력을 극대화할 수 있다. 이런 점에서 "패놉티콘은 아주 다양한 욕망으로부터 권력의 동질적 효과를 만들어 내는 경이로운 기계 장치"(Foucault, 1995)라고 할 수 있다.

푸코는 단 하나의 시선만으로 모든 것을 언제라도 볼 수 있다면 가장 완벽한 감시 장치가 될 것이라고 보았다(Foucault, 1995). 이런 점에서 CCTV와 AI 안면 인식 기술이 연결된 시스템은 패놉티콘의 원리가 내재된 가장 완벽한 감시 장치가 될 수 있다. 이러한 시스템은 사회의 다양한 조직과 단위로 확산될 수 있고, 그 과정에서 감시와 통제의 원리를 변형 또는 발전시킨 더 효율적인 장치가 등장할 수도 있다. 이는 궁극적으로 물리적 힘이나 폭력을 사용하지 않고도 사람들을 통제하고 지배할 수 있는 강력한 수단이 될 수 있다.

푸코의 분석처럼 패놉티콘 장치를 이용하면 권력을 행사하는 사람의 수는 줄이면서 권력 행사의 대상이 되는 사람의 수는 증가시킬 수 있다. 또 언제든지 개입이 가능하고 지속적인 압력을 행사할 수 있으며, 자발적인 복종이나 결정을 유도해 그 효과가 연쇄적으로 나타나는 하나의 메커니즘을 구성할 수 있다. 이러한 메커니즘은 권력 기관의 힘을 더욱 강화해 줄 수 있다"(Foucault, 1995).

푸코는 이러한 메커니즘의 작동이 가능한 이유를 자유주의 통치술에서 찾았다. 자유주의 통치술은 새로운 위험 속에서 끊임없이 안전과 자유의 작용을 관리하는 형태로 나타나며 이를 위해 첫째, 개인을 언제나 '위험하게 살아가는(live dangerously)' 조건하에 두고 둘째, 통제와 관리의 절차를 확장하며 셋째, 더 많은 통제와 개입이 더 많은 자유를 보장하는 방식을 채택한다(Foucault, 2008).

CCTV와 AI 안면 인식 기술이 결합한 시스템을 예로 들면 먼저, 각종 범죄와 범죄자에 대한 보도는 우리가 언제나 다양한 위험에 노출되어 있다는 두려움과 불안감을 느끼게 하며 정부는 국민의 안전을 목적으로 이러한 시스템을 계속 증대해 나간다. 정부가 더 많이 이러한 시스템을 설치할수록 국민은 범죄로부터 더 안전해질 것이라고 생각하게 된다. 이 모든 과정에서 국가는 어떠한 강요나 강제 수단을 동원하지 않고도 개인들이 자신의 안전을 위해 이러한 시스템의 증대에 암묵적으로 동의하게 만든다. 하지만 좀 더 자세히 들여다보면 개인들이 그러한 생각을 갖고 동의를 하게 된 배경에는 언론과 사회, 그리고 국가에서 조장하는 불안한 사회에 대한 인식이 깔려 있으며 권력과 통치의 메커니즘이 작동했다고 볼 수 있다. 이것이 바로 자유주의 통치술의 위험성인 것이다.

감시와 통제의 패놉티콘에 대항할 장치

현대 사회는 감시의 사회다. 미래에 대한 불확실성과 새로운 사회적 위험성이 커질수록 우리 사회는 보다 촘촘한 감시가 우리의 안전을 지켜 줄 것으로 생각하며 감시 체제의 미작동에서 오는 불안보다 감시 체제하에서 안전한 길, 즉 '행복한 감시 국가'를 선택할 경향이 더 높아지고 있다(정진화, 2022). 이러한 가운데 AI 기술은 권력이 안전을 매개로 감시와 통제의 시스템을 확대해 나가는 데 중요한 수단이 될 수 있고, 그 방법은 결코 폭력적이지 않으며 심지어 개인들의 자발적인 결정으로 보이도록 할 수도 있다.

AI가 우리를 통제하고 지배할 수 있는 가능성은 농후하며 기술과 정치, 특히 AI와 권력의 경계는 점점 흐려져 우리의 눈까지 흐리게 만들 수 있다. 이런 점에서 AI는 '인공 권력(artificial power)'이라고 할 수도 있다. AI가 전능해서가 아니라 AI를 통해 권력이 행사되기 때문이다(Coeckelbergh, 2022).

기술이 늘 중립적인 것은 아니다. 기술에도 정치적 성격이 있을 수 있다. 특정 장치나 시스템이 특정한 패턴의 권력과 강력하게 또는 불가피하게 연결되면 기술은 정치적 특성을 갖게 된다(Winner, 1980). 기술과 권력의 결합이 정치적 성격을 구성할 수 있는 상황에서 중요한 것은 어떻게 감시와 통제의 힘을 견제할 대항 품행(counter conduct)을 만들어 낼 수 있을 것인가다. 이는 자연 발생적으로 되는 것이 아니라 오로지 부단한 인간의 노력으로 가능할 것이다(Lefort, 1986; Mouffe, 1993).

AI와 권력의 결합이 패놉티콘의 원리로 작동할 수 있다면 우리는 이에 대항할 만한 개념과 장치를 고안해 내야 할 것이다. 예를 들면 만인의 만인에 대한 감시를 의미하는 '하이퍼 패놉티콘(hyper-panopticon)'과 같은 역감시의 방법도 생각해 볼 수 있을 것이다. 그리고 안전을 위한 패놉티콘의 원리가 현실적으로 불가피하다면 감시가 일방향적으로 이루어지는 것이 아니라 사회 곳곳에서 이뤄져 엘리트층이나 정부도 감시 대상에 포함하는 방안을 모색해야 한다. 감시 대상의 평등성과 이에 대한 신뢰가 사회의 동일성과 안정성을 유지하는 데 이롭게 작용할 수 있을 것이다(梶谷懷 · 高口康太, 2021). 독재나 권위주의를 향한 욕망이 기술과 결합하려 한다면 민주주의를 수호하고 유지하려는 열망 역시 기술과 결합해야 한다.

참고문헌

정진화(2022). 바이오 파놉티콘(bio-panopticon)과 생명 감시사회. ≪국가와 정치≫, 28(1), 107-138쪽.

한겨레(2017.10.23). 중국이 자랑하는 '하늘 그물'의 두 얼굴, https://www.hani.co.kr/arti/economy/it/815696.html

梶谷懷 · 高口康太(2019). 幸福な監視國家.中國. NHK出版. 박성민 옮김(2021). 『행복한 감시국가, 중국』. 눌와.

Bentham, J.(2008). *Panopticon: or the inspection-house*. UK: Dodo Press.

Coeckelbergh, M.(2022). *The political philosophy of AI.* Medford, MA: Polity Press.

Foucault. M.(1995). *Discipline and punish.* New York: Vintage

Books(Second Edition).
Foucault. M.(2008). *The birth of biopolitics.* New York: Palgrave Macmillan.
Lefort, C.(1986). *The political forms of modern society: bureaucracy, democracy, totalitarianism.* Cambridge: Polity Press.
Mouffe, C.(1993). *The return of the political.* London and New York: VERSO.
Winner, L.(1980). Do artifacts have politics?. *Daedalus, 109*(1), pp.121-136.

07
AI와 자본의 문제

나에 관한 정보를 가장 많이 알고 있는 것은 더 이상 친구, 연인, 가족이 아니라 구글과 같은 플랫폼이 될 것이다. 플랫폼 기업들은 감시 자본주의를 확산하며 인간이 보유한 자기 결정의 원칙을 위협하고 개인을 데이터 추출의 대상으로 전락시키고 있다. 이에 대한 대응은 결국 감시 자본주의에 분노하고 개인의 자유를 지키려는 시민들로부터 시작될 수 있다.

AI와 윤동주?

무료 콘텐츠의 대가

내가 가장 좋아하는 유형의 제품, 매일 검색하는 뉴스나 키워드, 자주 가는 곳과 현재 위치, 내가 이메일로 주로 소통하는 대상 등 나에 관한 정보를 가장 많이 알고 있는 것은 누구일까? 바로 구글일 것이다. 구글은 2000년대 후반 이용자의 행동 데이터를 이용한 맞춤형 타깃 광고를 최초로 창안했다. 이는 이용자가 구글 검색창에 입력한 데이터를 분석해 연관성이 깊은 제품에 대한 광고를 추천해 주는 것으로, 타깃 광고를 통해 구글은 엄청난 기업으로 성장하며 영향력을 확대해 나갈 수 있었다. 이용자의 데이터를 활용하는 기술과 형태는 점점 더 발전해 구글은 이제 개인의 의견과 취향, 동선, 삶의 패턴까지 훤히 들여다볼 수 있는 디지털 망원경과 현미경의 기능을 모두 장착했다.

하지만 2023년 구글은 AI 관련 제품을 개발하고 훈련하기 위해 수억 명의 이용자 데이터를 동의 없이 수집하고, 저작권을 위반한 혐의 등으로 집단 소송을 당했다. 구글을 고소한 미국의 클락슨(Clarkson) 로펌은 구글이 인터넷에서 생성되고 공유된 모든 것을 몰래 훔치고 수억 명에 달하는 사용자의 디지털 흔적까지 AI 훈련에 사용했다고 주장했다(KBS 뉴스, 2023.7.12).

이처럼 공익이 아닌 사적 이익을 추구하는 기업들은 데이터를 영리 추구와 확대를 위해 사용할 가능성이 높고 데이터를 악용하더라도 이용자들은 이를 알 방법이 없다. 또 구글에 접속해서 이용하는 상당수의 콘텐츠는 무료로 제공되지만 이러한 데이터가 또 다른 기업이나 이용자에게 제공된다면 사실상 이것은 무료가 아니다. 이미 이용자는 자신들의 정보를 제공하는 대가, 즉 비용을 치르고 있는 것이다. 자신도 모르게 말이다. 기업이 AI를 통해 데이터를 수집하고 사용하는 프로세스의 무서움은 바로 이런 은밀함과 은폐성에 있다. 이런 기업이 정부보다 시민에 대한 더 많은 데이터를 보유하고 더 큰 영향력을 행사할 수 있는 위치에 이른 것이 과연 옳은 것일까.

감시 자본주의 시대

미국의 사회심리학자인 쇼샤나 주보프(Shoshana Zuboff)는 기업이 이윤 창출을 목적으로 개인의 데이터를 상품화하는 경제 시스템을 '감시 자본주의(surveillance capitalism)'라 칭한다. 주보프에 따르면, 구글은 인간 행동에 대한 일방적인 감시와 수정을 통해 이익을 얻는 완전히 새로운 종류의 자본주의 진원지라 할 수 있다

(Zuboff, 2016). 감시 자본주의는 구글을 비롯해 압도적인 기술력과 자본으로 사회적 권력을 행사하는 애플, 아마존, 마이크로소프트, 페이스북 등 5대 빅 테크 기업에서 대표적으로 나타나며 이러한 기업의 특성을 따서 '플랫폼 자본주의'라고도 부른다.

감시 자본주의는 수익성 증대와 감시 프로젝트를 통해 불완전하지만 공급과 수요의 원리로 유지되어 온 기존의 자본주의 메커니즘을 전복한 것이라 할 수 있다. 감시 자본주의는 광대한 디지털 권력, 냉정한 금융 자본주의, 그리고 30년 동안 시장을 지배해 온 신자유주의의 비밀스러운 결합으로 생겨난 새로운 경제적 돌연변이다. 그것은 무법의 공간에서 뿌리를 내리고 번성하는 전례 없는 시장 형태다(Zuboff, 2016).

주보프가 제시한 감시 자본주의 개념은 AI 시대 자본주의를 설명하는 데 매우 설득력 있다. 빅 테크 기업은 그들이 보유한 데이터와 시스템을 통해 전 세계 사람들의 일거수일투족을 감시할 수 있는 체제를 구축해 왔고 이러한 체제를 통해 자본주의를 그들만의 영역으로 포획해 왔기 때문이다. 감시 자본주의는 점점 더 많은 빅 테크 기업들로 확산되고 있으며 네트워크상에서 이용자들의 거래를 통해 발생하는 수익뿐만 아니라 정치적 영향력까지도 획득해 가고 있다. 대표적인 예가 바로 영국의 정치 컨설팅 기업인 케임브리지 애널리티카(Cambridge Analytica)가 5000만 명 이상의 페이스북 사용자 데이터를 무단으로 수집해 2016년 미국 대통령 선거에서 도널드 트럼프(Donald Trump)의 당선을 도운 일이다. 이 회사는 무단으로 수집한 데이터를 통해 정치적 성향과 후보 지지 여부 등을 분석하고 맞춤형 정치 광고를 제공하며 트럼프 측의 선거 전략 수립과 운동, 그리고 당선에 큰 영향을 미쳤다.

디지털 플랫폼 기업은 정보의 양을 사적 기준과 영리 목적으로 조절할 수 있고 이를 통해 정치적 지형을 형성할 수도 있다. 전 세계적으로 관찰되는 포퓰리즘은 상업적 콘텐츠 관리의 '완화되고 조절된' 허위 정보를 유통하기 위해 디지털 플랫폼을 적극 활용한다. 통제되지 않는 AI 시스템은 개인의 인권을 취약하게 할 뿐만 아니라 정치적 공동체의 운명을 민간 기업의 처분에 맡길 위험도 안고 있다(유승익, 2023).

감시 자본주의는 데이터 권력을 통해 국내적 또는 국제적 차원에서 새로운 형태의 식민지 구조를 양산할 수도 있다. 이를 이른바 '데이터 식민주의(data colonialism)'라고 부른다. 데이터를 수집하고 처리하는 과정을 통해 사람들의 모든 일상생활은 데이터로 치환되고, 이는 지속적인 추적을 가능케 한다. 그리고 감시와 통제, 사회적 차별에 전례 없이 새로운 기회가 제공된다. 데이터를 통해 인간을 착취하는 과정은 과거 역사에서 영토와 자원을 활용해 사람들을 착취하며 식민지화하려는 과정과 유사하다. 더욱 위험한 것은 이러한 체제 속에서 사람들이 데이터의 지속적인 수집을 자연스럽고 합리적인 것이라 생각하는 것이다(Couldry & Mejias 2018).

AI는 선택 환경을 바꾸어 사람들의 의사 결정에 영향을 미치고 행동을 달라지게 하는 이른바 '넛지(nudge)'가 될 수 있다(Coeckelbergh, 2022). AI 플랫폼은 알고리즘을 통해 나의 행동 패턴을 수집, 분석해서 맞춤형 콘텐츠와 같이 다시 나의 편의를 증진하는 형태로 돌아온다. 하지만 이것이 반드시 나의 편의를 증진해 주는 것은 아니다. 나의 선호에 맞는 콘텐츠를 제공하는 것이기 때문에 편향된 정보를 제공할 확률이 높으며 내가 선택할 수 있는 범위는 알고리즘이 제공한 프레임 안으로 제한된다. 이 과정에서 어떠한 강요나 강제도 존재하지 않지만 나는 알고리즘이 제공하는 프레임 안에서만 생각하고, 선택하며, 행동하게 된다. 너무나 자연스럽게, 그리고 나 자신도 모르게 알고리즘은 나의 자유와 자율성을 서서히 잠식해 가는 것이다.

감시 자본주의를 감시해야 할 시민

빅 테크 기업들은 개인 정보 보호 관련 법률을 위반하고 사회적 규범에 어긋나는 일을 벌여 오며 많은 비난과 소송에 휘말리기도 했다. 하지만 이러한 경험을 통해 기업들은 법과 윤리, 그리고 수익 창출 사이에서 보다 모호하게 감시 자본주의를 운영하는 방법을 터득해 왔고 꾸준한 대외적 이미지 관리를 통해 여전히 AI 시대를 선도하는 혁신 기업으로 인정받고 있다. 첨단 AI 기술을 통해 빅 테크 기업들은 과거와 현재의 데이터를 분석한 후 미래를 예측하며 더 새로운 상품과 서비스를 만들어 낼 것이다. 그리고 이를 토대로 더 많은 감시 자산과 자본을 축적하며 강력한 정치적, 사회적 관계와 영향력을 확보해 나갈 것이다.

감시 자본주의는 쿠데타처럼 국민의 주권을 빼앗는 극도로 반민주적인 권력을 불러일으킬 수 있으며 인간의 정신적 삶과 사회적 관계, 정치 체제에서 행해지는 자기 결정의 원칙을 위협할 수 있다(Zuboff, 2016). 감시 자본주의하에서 개인은 그저 데이터 추출의 대상으로 전락할 수 있으며 국가와 기업이 협업하는 형태로 공적 권한과 사적 권한이 얽혀 감시 활동에서도 공적 · 사적 경계가 모호해질 수 있다(Zuboff, 2015).

이런 상황에서 가장 중요한 것은 무엇일까. 바로 감시 자본주의의 새로운 침략으로부터 우리 자신을 보호할 수 있는 힘을 우리 스스로 길러 내는 것이다. 그 시작은 감시 자본주의가 인간의 존엄성과 가치를 떨어뜨리는 것에 분노하는 시민들로부터 만들어질 것이다. 감시 자본주의가 만들어 낸 공간에서 무지와 무기력함, 불편함과 귀찮음 같은 것에서 표류하며 헤어 나오지 못하는 순간 우리의 자유는 거대 기업이 추출해 가는 데이터 속에 실려 실종될 것이다. 우리의 데이터를 제공하는 것이 당연하고 자연스러운 것이 아니라는 인식을 갖는 것이 그 출발점이 될 것이며 감시 자본주의를 끊임없이 감시하는 것이 궁극적으로 우리의 자유와 존엄성을 지키는 일이 될 것이다.

참고문헌

유승익(2023). 인공지능이 인권과 민주주의에 미치는 영향과 인공지능법안의 쟁점. ≪민주법학≫, 82호, 77-105쪽.

KBS 뉴스(2023.7.12). “구글, AI 훈련 위해 사용자 수억 명 데이터 무단 사용” 집단 소송, https://news.kbs.co.kr/news/pc/view/view.do?ncd=77214

42

Coeckelbergh, M.(2022). *The political philosophy of AI.* Medford, MA: Polity Press.

Couldry, N., & Mejias, U. A.(2018). Data colonialism: rethinking big data's relation to the contemporary subject. *Television & New Media, 20*(4), https://doi.org/10.1177/1527476418796632

Zuboff, S.(2015). Big other: surveillance capitalism and the prospects of an information civilization. *Journal of Information Technology, 30*(1), https://doi.org/10.1057/jit.2015.5

Zuboff, S.(2016). The Secrets of surveillance capitalism. *Frankfurter Allgemeine,* https://www.faz.net/-hzi-8eaf4

08
AI 시대 민주주의

AI 기술은 보다 평등한 기회와 참여, 투명한 운영, 효율적인 관리 등을 통해 민주주의를 발전시킬 수 있지만 동시에 정보의 편향성과 왜곡 문제는 민주주의를 심각하게 위협할 수 있다. AI 기술과 권력의 결합이 잔인하고 포악한 독재자를 낳지 않도록 AI 시대에는 더 철저하게 권력이 분산되어야 하며 이제 우리는 'AI 민주주의'를 논의해야 한다.

AI와 한의학?

AI와 새로운 정치적 기회

2024년 4월 10일, 한국의 제22대 국회 의원 선거를 앞두고 방송사마다 앞다투어 AI를 활용한 각종 콘텐츠를 내놓았다. SBS는 생성형 AI 챗봇 기술과 가상 음성 기술 등을 장착한 'AI 투표로'를 선거 방송의 마스코트로 내세워 개표 당일 실시간 데이터와 딥 러닝한 과거 정보를 연계해 선거 방송에서 처음으로 AI 해설을 시도했다.

미국에서는 AI를 활용해 정치 신인들 또는 소수 정당 정치인들이 막대한 정치 자금을 모을 수 있는 새로운 기회를 만들어 냈다. AI를 통해 유권자들의 이념 성향과 취미 등을 분석하고 맞춤형 'AI 이메일 서비스'를 제공한 결과, 사람이 작성한 이메일보다 3~4배 더 많은 모금을 창출한 것으로 분석되었다. 또 AI 기술을 활용해 2012년부터 2018년까지 투표 자격이 있지만 명부에 등록되지 않은 2600만 명과 이사나 사망, 중복 등재 등으로 투표권이 없는 1000만 명을 찾아내어 정부의 선거 관리에 큰 도움을 준 사례도 있었다(경향신문, 2024.4.3). AI 기술의 진보는 과연 민주주의 발전으로 원활하게 이어질 수 있을까.

민주주의를 위협하는 정보의 편향과 왜곡

AI 기술은 데이터를 활용해 정책 결정 과정의 효율성을 강화하고 시민 참여의 기회를 증대함으로써 민주주의 운영에 긍정적인 영향을 끼칠 수 있다. 하지만 민주주의를 심각하게 위협하는 요소 또한 존재한다.

첫째, 정보의 편향성 문제다. AI 시스템은 알고리즘을 통해 정보를 제공하기 때문에 이용자의 특성과 선호에 맞는 콘텐츠를 주로 제공한다. 이 경우 에코 체임버(echo chamber)와 필터 버블(filter bubble) 효과가 심각히 우려된다. 에코 체임버 효과란 밀폐된 반향실에서 자신과 같은 목소리가 메아리치고 증폭되는 현상을 말하는 것으로, 디지털 공간에서 유사한 사람들끼리만 소통하며 점차적으로 편향된 사고가 강화되는 것을 의미한다. 필터 버블 효과는 알고리즘이 이용자의 취향과 성향을 추측해서 선호할 만한 정보만을 골라 제공하기 때문에 이용자가 편향된 정보만을 접하고 소비하게 되는 현상을 의미한다.

둘째, AI를 이용한 정보의 왜곡과 가짜 뉴스 문제다. 알고리즘에 의해 자동으로 반복적 작업을 수행하게 하는 애플리케이션을 사용하면 사람보다 더 빠르게 더 많은 내용을 작성할 수 있으며 수많은 가짜 계정도 중복되지 않도록 생성할 수 있다. 과거에는 단순히 댓글을 반복적으로 자동 생성하는 형태로 조작이 이루어졌다면 AI는 딥페이크 기술과 결합해 선거에 출마한 후보자들의 얼굴을 하고 그들을 사칭한 정보나 콘텐츠까지 생성해 유권자들을 혼란에 빠뜨릴 수 있다. 정보의 왜곡과 가짜 뉴스는 국민의 여론에 중대한 영향을 끼칠 것이며 선거 결과를 완전히 뒤바꿀 수도 있다. 이미 기존 연구들에서 알고리즘은 투표 행위에 영향을 미칠 수 있고 단순한 검색 결과의 순서 배열만으로도 후보자에 대한 태도가 변할 수 있으며 조작된 검색 결과가 지지 후보 선호도에도 영향을 미치는 것으로 나타났다(Epstein et al., 2017).

민주주의라는 용어에는 1인, 소수가 아닌 다수로부터 권력이 창출된다는 원리가 내포되어 있다. 대한민국 헌법 제1조에도 "대한민국의 모든 권력은 국민으로부터 나온다"고 명시되어 있다. AI 기술이 국민 권력의 원천으로 작용한다면 민주주의는 더 많은 영역에서 투명성을 강화하고 시민들의 참여를 확대해 나가며 민주주의의 본질인 권력 분산을 실현해 나갈 수 있을 것이다. 하지만 AI 기술이 데이터 권력과 결합해 특정 개인이나 세력의 힘을 강화한다면 국민은 권력의 원천이 아닌 데이터의 원천으로 전락할 수 있고 감시 국가와 감시 자본주의는 확대될 것이며, 결과적으로 권력의 중앙 집중화 현상은 가속화될 것이다.

물론 다수의 선택이 항상 정의로운 것이라는 보장은 없다. 때로는 현대 대의 민주주의에서 '다수의 횡포'도 심심치 않게 목격할 수 있다. 하지만 그럼에도 우리가 민주주의를 택하는 이유는 민주주의가 초래할 수 있는 최악의 상황이 지도자 1인이나 소수에게 권력이 집중된 체제가 초래할 최악의 상황보다는 낫기 때문이다. 정치에서 가장 근본적이고 지속적인 문제는 바로 독재적인 지배를 피하는 것이며 민주주의는 잔인하고 포악한 독재자에 의한 통치를 예방하는 데 가장 큰 도움이 되는 체제다(Dahl, 2015). 민주주의의 절차와 과정이 복잡하고 비효율적이며 완벽하지 않더라도 대다수의 국가가 민주주의를 지향하고 채택하는 이유가 바로 여기에 있다.

민주주의를 체계적으로 연구한 정치학자인 로버트 달(Robert Dahl)에 따르면, 민주주의가 갖추어야 할 다섯 가지 기준은 다음과 같다.

첫째, 효과적 참여로 이는 공동체에서 어떤 정책이 채택되기 전에 모든 구성원은 어떤 정책이 채택되어야 하는지에 관해 다른 구성원들에게 자신의 견해를 알릴 수 있는 동등하고 효과적인 기회를 가져야 한다. 둘째, 투표의 평등으로 모든 구성원이 정책에 관한 결정을 하는 데 평등하고 효과적인 투표의 기회를 가져야 하고 모든 투표는 평등하게 간주되어야 한다는 것이다. 셋째, 계몽적 이해로 합당한 시간적 제약 내에서 각 구성원은 정책 대안이 가져올 가능한 결과를 이해할 수 있는 동등하고 효과적인 기회를 가져야 한다. 넷째, 의제의 통제로 구성원은 어떤 문제가 의제에 상정되어야 하는지를 결정할 기회를 가져야 하고 이를 통해 앞의 세 가지 기준에 요구되는 민주적 과정이 폐쇄적으로 진행되지 않도록 하는 것이다. 다섯째, 성인들의 수용으로 대부분의 성인은 앞의 네 가지 기준이 시사하는 완전한 시민의 권리를 향유해야 한다(Dahl, 2015).

하지만 AI 기술과 알고리즘이 만들어 내는 정보의 편향성과 왜곡 문제는 달이 제시한 민주주의의 다섯 가지 기준을 훼손할 수 있다. 공동체의 구성원에게 정책에 관한 잘못된 정보를 제공할 수 있으며, 이는 정책 결정을 하는 데 필요한 평등한 투표의 기회를 침해할 수 있다. 또 정책의 내용과 효과에 대해 정확하게 이해하고 합리적으로 판단할 수 있는 기회를 저해하고 이미 짜여진 프레임은 의제 상정의 기회를 원천적으로 막을 수 있으며, 이러한 과정은 종합적으로 완전한 시민의 권리를 향유하지 못하게 할 것이다.

AI 민주주의와 AI의 민주화

민주주의는 일련의 규범, 법, 정치 제도로 이루어진 정치 체제뿐만 아니라 우리의 이상, 염원, 현실과도 직접적으로 연결되어 있다. 민주주의는 과학 기술의 진보에 따르는 위험성을 가장 잘 저지할 수 있는 방식이 될 것이며 민주주의에 결함이 있다면 과학 기술의 진보에 따른 문제도 바로잡을 수 없을 것이다(Dahl, 2015; Kompridis, 2009; Hurlbut, 2015).

만약 민주주의가 제대로 작동하지 않는 정치 체제, 예를 들어 일당 독재 국가나 권위주의 국가에서 AI 기술을 활용한다면 감시와 통제의 수단을 넘어 정권 강화와 독재의 연장에 강력한 무기로 이용할 것이다. 또 국제 정치 차원에서는 영토를 초토화하는 핵무기처럼 세계의 네트워크를 파괴하는 디지털 핵무기를 만들 수도 있다.

AI 기술은 민주적 가치와 양립할 수 있는 경향성을 가진 동시에 민주적 가치를 파괴할 수 있는 잠재력도 갖고 있다. AI 기술은 인간의 자유와 평등의 가치를 확장해 줄 수 있지만 동시에 부자유와 불평등을 강화할 수 있는 경향도 내포하고 있다. AI가 인간의 노동과 일자리를 대체해 가는 문제, 정보를 왜곡하거나 조작하고 가짜 뉴스를 만드는 데 AI가 이용되는 현상, AI를 감시와 통제의 도구로 이용하려는 행위, AI를 통해 경제적 영향력을 극대화하고 패권적인 권력을 확보하려는 시도는 모두 민주주의를 위협하는 요소로 작동할 수 있다. 이러한 문제는 결국 민주주의에도 수정이 필요함을 시사한다.

이제 우리는 'AI 민주주의(AI democracy)'와 'AI의 민주화(democratizing AI)'에 대해 논의해야 한다. AI 기술의 혁신과 진보 속에서 AI와 인간의 공존을 지향하며 AI 기술의 연구, 개발 그리고 적용 등이 민주주의의 이상과 절차에 따라 일어나도록 하는 것이 바로 AI 민주주의라 할 수 있다. 그리고 AI 기술이 특정 소수나 세력에 독점되지 않고 그 혜택이 보다 많은 사람의 자유와 평등의 권리를 지켜 주는 방향으로 적용되도록 하는 것이 AI의 민주화로 가는 길이 될 것이다. AI의 민주화는 윤리를 실현하고 권위주의적인 시도를 비판하는 사회적 책임과 활동뿐만 아니라 참여적 · 포용적인 정치 문화를 실현하는 것까지 포함한 개념으로 이해할 수 있다. AI의 민주화는 정치적인 개입과 행위로 간주될 수 있으며 사회 전반은 물론 여러 하위 시스템이나 개별 영역에도 적용될 수 있을 것이다(Sudmann, 2019).

AI 시대에 민주주의의 본질과 가치를 지켜 나가기 위해서는 더 철저하게 권력이 분산되어야 한다. 이를 위해 통치 체제는 정부 중심으로 중앙 집중화되어 있는 형태에서 보다 개방적이고 수평적으로 시민들의 참여가 보장된 거버넌스 형태로 이동해야 할 것이며 정치적 평등과 숙의의 과정을 결합해야 할 것이다.

참고문헌

경향신문(2024.4.3). AI는 선거의 적?…"AI 기술로 민주주의 발전", https://www.khan.co.kr/world/world-general/article/202404030600041

Dahl, R. A.(2015). *On democracy*. New Haven, London: Yale University Press(With a new preface and two chapters by Ian Shapiro).

Epstein, R. & Robertson, R. E.(2015). The search engine manipulation effect(SEME) and its possible impact on the outcomes of elections. *Proceedings of the National Academy of Sciences, 112*(33), pp.E4512-E4521.

Epstein, R., et al.,(2017). Suppressing the search engine manipulation effect(SEME). *Proceedings of the ACM on Human-Computer Interaction*, 1(CSCW), pp.1-22.

Hurlbut, J. B.(2015). Limits of responsibility: genome editing, asilomar, and the politics of deliberation. *Hastings Center Report, 45*(5), pp.11-14.

Kompridis, N.(2009). Technology's challenge to democracy: what of the human?. *Parrhesia, 8*(1), pp.20-33.

Sudmann, A.(2019). The democratization of artificial intelligence net politics in the era of learning algorithms. In A. Sudmann(Ed.), *The democratization of artificial intelligence*(pp.9–32). Bielefeld: transcript Verlag.

09
AI 시대 거버넌스

AI 기술의 허용과 규제 범위는 누가, 언제, 어떻게 결정하는 것이 가장 바람직할까. 기업, 정부, 국제기구 차원에서 가이드라인을 마련하고 있지만 정작 가장 중요한 시민은 이런 논의에서 소외되어 있다. 정치적 평등과 숙의가 결합된 거버넌스를 통해 시민에게 실질적인 참여 기회를 보장할 때 공적 이성이 빛을 발하고 AI의 민주화를 기대할 수 있을 것이다.

AI와 화장품?

AI 가이드라인

2010년대 말부터 AI의 상업화가 본격화되면서 국제 사회는 AI의 무분별한 사용에 대비한 가이드라인의 필요성을 제기해 왔고 AI 관련 빅 테크 기업이나 각국 정부, 국제기구들은 원칙, 윤리, 권고안 등의 형태로 가이드라인을 마련해 왔다. 2018년 마이크로소프트와 구글은 자체적으로 AI 원칙을 수립했고 2023년 10월, G7 국가(미국, 일본, 독일, 영국, 프랑스, 이탈리아, 캐나다)는 AI 개발에 대한 국제 지침과 행동 규범에 합의했으며 우리나라는 2024년 4월, 민 · 관 AI 최고위 거버넌스인 'AI 전략 최고위 협의회'를 출범했다.

초국가적 차원에서는 2024년 유럽 연합(EU) 의회가 세계 최초로 AI 규제법(AI Act)을 통과시켰으며 국제 연합(UN) AI 자문 기구는 처음으로 AI 거버넌스 권고안을 발표했다. 이 기구는 『인류를 위한 AI 거버넌스(Governing AI for Humanity)』라는 보고서를 통해 AI의 안전하고 윤리적인 사용을 위한 7가지 방안으로 ① AI에 관한 국제 과학 패널, ② AI 거버넌스에 대한 정책 대화, ③ AI 표준 교환, ④ 역량 개발 네트워크, ⑤ AI를 위한 글로벌 펀드, ⑥ 글로벌 AI 데이터 프레임워크, ⑦ 유엔 사무국 내 AI 사무실 구축 등을 제시했다. 그리고 AI가 일부 대

기업에만 집중되는 현상, 군사적 목적으로 AI가 사용되는 것 등을 경고했다(UN, 2024.9.19).

거번먼트에서 거버넌스로

기업, 정부, 국제기구 차원에서 AI 사용을 위한 가이드라인을 마련하기 위해 노력하고 있는 것은 고무적인 일이다. 하지만 기업, 정부, 국제기구 중심으로 인류 전체에게 중요한 가치와 기준을 정하는 것이 과연 바람직한 일인가 생각해 볼 필요가 있다.

최은창(2021)의 연구에 따르면, AI를 둘러싼 위험은 작동 시 위험, 보안 위험, 통제 관련 위험, 윤리적 위험, 사회 경제적 위험 등 크게 다섯 가지 정도로 분류할 수 있다. 작동 시 위험에 해당되는 것은 자동화된 판단의 오류, 편향, 불투명성, 설명 불가능성을 의미하며, 보안 위험은 AI를 이용해 취약점을 공격하는 사이버 공격, 개인의 데이터 프라이버시 침해 등이다. 통제 관련 위험은 갑작스러운 오작동, 인간의 통제권 상실, 자동화된 살상 무기 등이며, 윤리적 위험은 인간 사회에 통용되는 가치를 코딩화해 알고리즘 설계에 반영하기 어려운 점, AI와 인간 간의 가치 정렬에 발생하는 간극을 말한다. 마지막으로 실업 발생, 인종과 성별에 대한 차별, 자동화된 판단으로 피해가 발생해도 원인을 찾아내기 어려운 문제 등은 사회 경제적 위험으로 분류된다(최은창, 2021).

이러한 위험에 가장 많이 노출되어 있고 직접적인 피해를 입는 것은 결국 일반 시민이다. 따라서 AI 가이드라인을 수립하는 데 시민의 참여는 반드시 보장되어야 하지만 기업, 정부, 국제기구 차원에서 운영되는 거버넌스에서 정작 시민들은 소외되어 있다. 시민 사회의 의견을 수렴한다는 명목으로 시민 사회 세력을 대표하는 인사들을 포함한 거버넌스도 존재하지만 명목상 또는 형식상에 그치는 경우가 많고 다양한 시민의 의견을 수렴하고 있지는 않다.

인간의 노동을 대체하는 AI부터 인간과 기계의 경계를 흐릿하게 만드는 기술, 인간의 자유와 평등을 침해하는 문제, 권력과 자본을 집중시켜 정의로운 사회와 민주주의를 위협하는 현상 등을 직면한 상황에서 AI의 허용과 규제를 둘러싼 의사 결정은 학자나 기술자, 기업, 관료, 국회, 정부 등에만 맡길 수 없다. 학자나 기술자는 지식의 독점, 기업은 이익, 관료는 승진, 그리고 국회나 정부는 정권의 획득을 때로는 시민의 이익보다 중요하게 다룰 수도 있기 때문이다. AI로 인한 다양한 문제가 나타나고 그에 대한 대응이 필요한 때, 우리는 더 많은 지혜와 사회적 합의를 모아 내야 한다. AI 기술의 발전이 권력과 자본을 강화하는 방향이 아니라 시민의 이익과 권리를 강화하는 방향으로 작동할 수 있도록 통치 방식을 변화시켜야 한다.

정부 주도의 통치에서 시민들이 주도하고 참여하는 협치, 즉 거버넌스로 나아가야 한다. 거버넌스(governance)와 거번먼트(government)는 둘 다 사전적으로 통치(govern)를 의미하지만 일반적으로 거번먼트는 통치가 이루어지는 곳, 즉 정부 주도의 통치를 말하며 거버넌스는 통치의 과정이나 방식 등을 강조하는 관점에서 민관협력의 통치, 즉 협치를 뜻하는 용어로 사용된다. 통치 방식을 거버넌스로 이동시키기 위해서 가장 중요한 것은 시민 사회의 역할이며 이미 많은 학자가 각기 용어는 다르지만 시민들의 참여와 주체적 행동을 강조해 왔다.

미셸 푸코(Michel Foucault)는 통치 이성의 재분배 또는 재중심화 측면에서 시민 사회의 역할을 중시하며 지식과 진리를 국가가 아닌 국민 전체가 보유하는 방식을 강조했다(Foucault, 2007). 푸코는 오랜 시간 통치 합리성은 통치자 개인의 합리성에 기초해 규칙화되었지만 새로운 합리성의 형태는 통치받는 자들의 합리성에 기초해 규칙화되어야 한다고 주장했다(Foucault, 2008).

푸코의 영향을 받은 미국의 철학자 마이클 하트(Michael Hardt)와 이탈리아의 정치학자 안토니오 네그리(Antonio Negri) 역시 지배 질서에 대항할 수 있는 살아 있는 대안은 바로 '다중(multitude)'에게 있다고 주장했다. 다중은 새로운 변화를 지향하며 민족, 국민, 계급 구조와 같은 정치적 재현을 벗어나 다양한 사회적 저항을 결합하는 하나의 연합 형태를 말한다(Hardt & Negri, 2004). 다중은 자연 발생적으로 만들어지는 것이 아니라 정치적 기획에 의해 조직되고 구성되는 것으로 제국적 협치 구조에 대항할 수 있는 것은 다중에 의해 만들어진 구성적 협치라고 할 수 있다(Hardt & Negri, 2014).

해나 아렌트(Hannah Arendt)는 새로운 지식과 과학기술을 어떤 목적으로, 어떻게 사용할 것인가에 관한 문제는 과학적 수단으로 결정될 수 없고 전문 과학자나 직업 정치가의 결정에만 맡길 수도 없는 일이라고 주장하며 시민의 중요성과 역할, 그리고 공적 이성을 강조했다(Arendt, 2018).

시민 사회와 공적 이성

존 롤스(John Rawls)는 공적 이성이 민주적인 시민의 특징이라며 시민들이 발휘할 수 있는 공적 이성의 힘을 강조했다. 그가 말하는 공적 이성이란 동등한 시민의 자격을 가지고 있는 사람들의 이성이며 주 관심사는 공중의 선(the good of the public)이다. 공적 이성은 첫째, 시민의 이성 그 자체로서 공중의 이성이라는 점, 둘째, 그 주제가 공중의 선과 근본적 정의의 문제라는 것, 셋째 본질적 성격과 내용이 사회의 정치적 정의관에 의해 표현된 이상과 원칙에 의해 주어지고, 이것에 입각해 공개적으로 검토되어 행해진다는 점 등의 측면에서 공적이라고 할 수 있다(Rawls, 2005).

공적 이성이란 오늘날 사회가 직면하고 있는 중요한 갈등, 즉 상호 연결된 현대 사회에서 경제적 이익과 같은 것을 공유하는 방식에 대한 분쟁, 인간 경험에 대한 매우 다른 해석에서 비롯된 갈등, 그리고 각자가 선호하는 선(good)의 개념에 대한 차이 등에 대응하는 것이라고 할 수 있다. 즉, 공적 이성은 정치적 가치와 원칙을 다루는 것이다(Risse, 2024).

AI를 둘러싼 문제는 전문적인 지식이나 윤리적, 철학적 논의를 필요로 하는 사안이 많아 일반 시민이 함께 논의하는 것이 가능한지, 또 시민들이 과연 바람직한 결론을 도출할 수 있을지에 관해 의문을 제기하는 사람도 있을 것이다. 물론 일반 시민은 과학자, 전문가, 관료보다 전문 지식이 떨어질 수 있다. 하지만 개방성과 지속성이 보장된 숙의(deliberate) 과정을 거치면 일반 시민은 논의에 필요한 지식을 얻고 이를 토대로 공동체에 필요한 판단과 의사 결정에 공적 이성을 발휘할 수 있을 것이다.

다양한 실험과 시도에서 숙의 과정은 정책 관련 태도, 투표 의도, 시민 역량, 집단적 일관성, 공적 대화 등의 측면에서 긍정적인 효과를 낳을 수 있음이 이미 입증된 바 있다(Fishkin, 2011). 시민 참여가 보장되는 거버넌스를 운영하는 데 디지털 기술을 활용할 수도 있다. 프랑스는 2019년 대국민 토론과 기후 변화 협약에 디지털 기술의 도움을 받아 거대한 규모의 숙의 실험을 진행한 바 있고 스페인도 스마트 시티 운동을 통해 도시 거버넌스 문제에 디지털 기술을 도입했다.

각국 정부와 국제기구는 거버넌스를 구성하며 시민 사회 세력을 대표하는 사람들을 포함하고 있다. 하지만 중요한 것은 시민 사회 세력을 대표하는 자들의 형식적인 참여가 아니라 시민들이 직접적으로, 그리고 실질적으로 공적 논의에 참여할 수 있는 기회를 보장하는 것이다. 시민 사회 세력을 대표하는 성격으로 거버넌스에 참여하는 사람들은 시민 사회의 다양성을 포괄하지 못하고 많은 시민의 이성적 판단을 대신할 수도 없다. 보다 많은 시민의 참여가 보장되지 못한다면 민주적 결함이 발생할 것이며 정부와 기업은 계속해서 그들의 이익에 적합한 보다 쉽고 빠른 길을 택하려 할 것이다.

AI가 공동선에 얼마나 기여할 수 있는지 그 여부는 기업, 정부, 국제기구에 달려 있는 것이 아니라 시민으로서 우리 모두에게 달려 있다(Coeckelbergh, 2024). 우리가 시민으로서 공적 이성을 발휘하고 거버넌스의 중심을 시민으로 이동시켜 올 때 AI의 민주화와 AI 민주주의 실현도 가능할 것이다.

참고문헌

이광석(2024). 시민 참여의 기술정치학: 인공지능 생명·인권 지표 구상. ≪문화와 정치≫, 11(1), 5-42쪽.

최은창(2021). 인공지능 위험인지의 차이와 거버넌스. 고학수 · 김병필 편, 『인공지능 윤리와 거버넌스』(146-180쪽). 박영사.

Arendt, H.(2018). *Human condition*. Chicago and London: The University of Chicago Press(with a new foreword by Danielle Allen, itroduction by Margaret Canovan).

Coeckelbergh, M.(2024). Artificial intelligence, the common good, and the democratic deficit in AI governance. *AI and Ethics*, https://doi.org/10.1007/s43681-024-00492-9

Fishkin, J. S.(2011). *When the people speak*. New Yok: Oxford University Press(Paperback Edition).

Foucault, M.(2007). *Security, territory, population.* New York: Palgrave Macmillan.

Foucault, M.(2008). *The birth of biopolitics.* New York: Palgrave Macmillan.

Hardt, M. & Negri, A.(2004). *Multitude: war and democracy in the age of empire.* New York: Penguin.

Hardt, M. & Negri, A.(2009). *Commonwealth.* Harvard University Press. 정남영 · 윤영광 옮김(2014). 『공통체』. 사월의책.

Rawls, J.(2005). *Political liberalism.* New York: Columbia University Press(Expanded Edition).

Risse, M.(2023). *Political theory of the digital age.* Cambridge University Press. 박성진 옮김(2024). 『AI 시대의 정치이론』. 그린비.

UN(2024.9.19). UN Secretary-General's high-level advisory body on artificial intelligence releases proposals for global governance of AI, https://www.un.org/sites/un2.un.org/files/governing_ai_for_humanity_press_release.pdf

10
AI 시대 트랜스휴먼

AI 기술의 발전으로 인간과 기계의 경계는 점차 흐릿해지고 있으며 AI 기술로 인간의 신체적 · 정신적 능력을 회복하거나 강화하는 것도 가능해지고 있다. 바야흐로 트랜스휴먼 시대가 다가오고 있는 것이다. 트랜스휴먼 시대를 대비하는 과정에서 어떠한 선택을 하든 우리가 잊지 말아야 할 것은 인간의 선택에는 항상 책임이 뒤따른다는 사실이다.

종교와 AI?

인간의 한계를 초월하다

2014년에 개봉한 영화 〈트랜센던스(Transcendence)〉에서 주인공으로 나오는 천재 과학자 윌은 슈퍼컴퓨터를 개발하던 중 무한한 기술의 발전을 반대하는 단체의 공격으로 사망한다. 하지만 윌이 죽기 직전 그의 아내가 윌의 뇌를 컴퓨터에 업로드하고, 윌은 온라인 네트워크 속에서 살아난다. 영화 속 윌처럼 인간이 온라인 네트워크 속에서 완전히 의식을 확장해 갈 수 있는 정도는 아니지만 뇌-컴퓨터 인터페이스(Brain-Computer Interface, BCI)를 통해 이미 인간의 뇌와 컴퓨터는 연결 가능해졌고, 이를 통해 사지 마비 환자가 의사소통할 수 있게 되었으며 이러한 기술이 더 발전하면 인간의 뇌와 로봇의 신체를 가진 존재가 탄생할 수도 있다. AI 기술로 인간은 이제 새로운 형태와 모습으로 존재할 수 있게 되었다.

과연 인간의 미래는 어떻게 될까. AI 융합 기술로 인간의 신체와 정신적 능력을 회복하거나 강화하는 것이 가능하다면 이러한 선택을 할 기회는 자유롭게 허용되어야 할까. 사지 마비 환자가 자신의 뇌를 AI 기술로 컴퓨터에 연결해서 타인과 의사소통할 수 있게 되고, 로봇의 신체를 이용해 자유로운 이동이 가능해진다면 보다 나은 삶을 살기 위한 그의 권리는 자유롭게 보장되어야 할 것이다. 하지만 이러한 기술이 상용화된다면 사지 마비 환자뿐 아니라 군사적 용도로도 쓰일 수 있고 범죄에 악용될 수도 있다. 이 경우 무분별한 인간 개조의 가능성은 배제할 수 없다.

사지 마비 환자와 같이 치료를 목적으로 특정 계층에게만 허용하자는 절충적 의견도 제시할 수 있다. 하지만 이 경우 치료와 강화의 목적을 명확하게 구분하는 것은 가능할까. 사지 마비 환자에게만 기술을 허용한다 하더라도 한번 기술이 허용되면 치료를 명분으로 강화를 시도하거나, 편법 또는 음지에서 이를 활용할 가능성도 존재한다. 또 누가, 어떻게 치료와 강화를 명확하게 구분해서 규제와 처벌을 정할 것인가의 문제도 남는다.

트랜스휴먼을 바라보는 시선들

첨단 AI 융합 기술은 인간의 존재 방식과 형태까지 변화시킬 수 있다는 점에서 트랜스휴먼(transhuman)에 대한 논의를 필요로 한다. 트랜스휴먼이란 용어는 이탈리아의 시인 단테 알리기에리(Dante Alighieri)가 『신곡(La divina commedia)』에서 '인간의 조건과 인식에서 벗어나다'라는 뜻을 가진 이탈리아어 동사 'transumanare' 또는 'transumanar'라는 단어를 처음 사용한 데서 유래한다(Vita-More, 2019). 현재 트랜스휴먼은 일반적으로 기술 발전을 수용해 인간의 신체적 한계를 극복하고, 정신적 지능을 강화하는 방향으로 인간을 변형해 가는 것을 의미하며 이러한 가치를 적극적으로 지향하는 움직임을 트랜스휴머니즘(transhumanism)이라 부른다.

트랜스휴먼과 트랜스휴머니즘을 바라보는 데는 다양한 시선이 존재한다. 먼저, 트랜스휴머니즘을 대표하는 단체인 세계트랜스휴먼협회(World Transhumanist Association)는 홈페이지에서 트랜스휴머니즘을 "인류를 위한 건강한 환경, 노화의 제거, 인간의 지적, 육체적, 심리적 능력의 향상 등을 통해 인간의 조건을 근본적으로 개선할 수 있는 가능성과 바람직함을 확인해 나가는 지적, 문화적 운동이자 우리의 삶을 변화시키는 과학 기술의 진보와 인류의 미래에 대한 잠재적인 영향에 초점을 맞춘 철학"이라고 설명한다.

하지만 미국의 철학자 프랜시스 후쿠야마(Francis Fukuyama)는 트랜스휴머니즘이 "세상에서 가장 위험한 생각"이라며 트랜스휴머니즘을 비롯해 인간이 겪는 위기마다 과학 기술의 힘을 받아들이게 되면 결국 건강하지 못한 사람은 낙오되고 인간은 근본적인 불평등을 겪을 것이라 비판한다(Fukuyama, 2009). 한편, 일각에서는 트랜스휴머니즘이 인간 능력 향상을 위해 사변적인 기술, 예를 들면 재생 의학, 수명 연장, BCI, 냉동 보관 등 인간 조건의 급진적인 변형까지 택할 수 있기 때문에 트랜스휴먼이 극단적으로 변형되면 정확히 인간으로 정의하기 어려운 포스트휴먼까지 갈 수 있다고 보기도 한다(Ferrando, 2021). 과학 기술에 대한 맹신을 거부하며 아예 반(反)과학(Anti-Science)적 입장을 취하는 사람들도 있다. 과학 자체의 권위와 정당성을 배격해 자연 속에서 살아가는 종교적 · 문화적 공동체인 아미시(Amish)가 대표적인 사례다.

자유 지상주의자들의 입장에서 볼 때 트랜스휴먼으로 가는 길은 개인의 자유로운 선택에 맡길 사안이다. 인간이 생물학적 한계를 극복하고 보다 더 잘 살기 위해 과학 기술을 사용하는 것은 인간의 자연스러운 욕망이기 때문이다. 반면 공동체주의자들은 이러한 기술의 허용에 매우 부정적인 입장을 취하고 있다. 아직 어떠한 부작용이 발생할지 아무도 확신할 수 없는 데다가 그 문제가 사회와 국가를 넘어 인류 전체에 영향을 끼칠 수도 있기 때문이다.

인간다운 것, 인간의 책임

우리가 트랜스휴먼 시대를 대비하는 과정에서 유념해야 할 것은 인간의 신체와 정신, 그리고 생명에 직접적으로 관여하는 AI 융합 기술의 허용과 규제는 반드시 인간이 책임질 수 있는 범위 내에서 이루어져야 하고 이러한 기본 전제하에서 자유로운 권리와 선택이 보장되어야 한다는 것이다. 우리는 어떤 사람을 보고 '인간답다' 또는 '인간도 아니다'라고 표현하곤 한다. 통상적으로 이럴 때 우리는 불완전한 인간이지만 최소한 가져야 할 양심이나 윤리적 가치를 갖고 있느냐, 타인에 대한 기본적인 존중의 태도를 갖고 있느냐, 자신의 행위에 대한 책임을 지느냐와 같은 것을 기준으로 이런 표현을 쓴다. 그만큼 우리가 생각하는 인간이란 존재는 더불어 사는 데 필요한 가치를 중요하게 인식하고 책임감을 가져야 할 의무가 있다.

하지만 AI에게는 이러한 양심과 윤리, 도덕이 없다. 인간을 존중하고, 더불어 사는 가치를 학습하도록 AI를 설계할 수는 있다. 그러나 중요한 순간에 도달했을 때 AI가 자체적으로 윤리적, 도덕적 판단을 하고 책임을 질 수 있는가에 대해서는 여전히 AI를 인간과 동일하게 놓을 수 없다. 기계에게 도덕적 지위를 묻는 것과 윤리적 판단에 대한 책임을 묻는 것은 이론적으로 정립하지 않는다. 기계가 책임을 질 수 없기 때문이다. 기계의 잘못된 판단과 행위에 대한 책임은 결국 인간에게 물을 수밖에 없다.

미국의 기술철학자 마크 코켈버그(Mark Coeckelbergh)에 따르면, AI는 일종의 에이전트(agent), 즉 인간의 대리인 같은 존재이기 때문에 AI와 관련한 책임 문제는 두 가지 조건을 구별해서 접근할 필요가 있다. 첫 번째는 AI 에이전트에 대한 책임 소재를 식별하고 에이전트를 통제하도록 해야 한다는 것이다. AI는 행위 능력을 가질 수 있지만 도덕적 행위 능력과 책임에 대해서는 인간과 동일하지 않기 때문에 결국 기계에 대한 책임은 인간이 져야 한다. 두 번째는 에이전트의 지식에 관한 것으로 기계에 대한 도덕적 책임을 져야 하는 사람들은 AI 에이전트의 행위 능력과 지식에 대해 면밀히 조사하고 충분한 설명을 제공해야 한다는 것이다(Coeckelbergh, 2019).

인간에게 주어진 한계 상황을 극복하려는 인간의 욕망과 과학 기술의 진보는 트랜스휴먼의 등장을 가져왔고 인간과 기계, 자연과 인공 세계의 경계는 점차 흐릿해져 가고 있다. 이러한 가운데 과학 기술에 대한 맹신은 우리 사회에 근본악으로 작동할 수 있으며 과학 기술에 대한 배격은 더 나은 삶을 살고자 하는 인간의 희망과 기회를 묵살하는 것이 될 수 있다. 트랜스휴먼과 같이 AI 융합 기술이 발전하면 할수록 우리 사회가 직면할 문제는 과학과 윤리의 대립, 또는 과학이나 윤리 어느 한 영역으로 해결할 수 있는 일이 아니다. 따라서 AI를 둘러싼 논의와 토론은 정치의 영역으로 이동해 와야 한다. 정치는 인간의 삶에 절대적으로 필요한 것이며 정치의 과제, 즉 최종 목적은 가장 넓은 의미에서 생명을 보호하는 것에 있기 때문이다(Arendt, 2005).

AI 융합 기술은 끊임없이 발전을 거듭할 것이며 그 속도는 우리가 심도 있게 토론하고 결정하는 속도를 훨씬 더 빠르게 앞서 갈 것이다. 트랜스휴먼 시대가 더 본격화되기 전에 정치의 영역에서 지금 이 순간, 다양한 주체와 행위자, 그리고 시민이 함께 AI와 인간이 공존하는 시대를 논의하고 대안을 모색해야 한다.

참고문헌

Arendt, H.(2005). *The promise of politics*. New York: Schoken Books.

Coeckelbergh, M.(2019). Artificial intelligence, responsibility attribution, and a relational justification of explainability. *Science and Engineering Ethics*, 6, pp.2051-2068.

Ferrando, F.(2019). *Philosophical posthumanism*. Bloomsbury Publishing. 이지선 옮김(2021). 『철학적 포스트휴머니즘』. 아카넷.

Fukuyama, F.(2009). Transhumanism. *Foreign Policy*, https://foreignpolicy.com/2009/10/23/transhumanism

Humanity plus. Transhumanism, https://www.humanityplus.org/transhumanism

Vita-More, N.(2019). History of transhumanism. *The transhumanism handbook*, https://www.academia.edu/78055221/History_of_Transhumanism

정진화

성신여자대학교 동아시아연구소 연구원이다. 성신여자대학교에서 정치학 박사학위를 받은 후 성신여자대학교 동아시아연구소 연구교수, 건국대학교 행정대학원 국가정보학과 겸임교수 등을 지냈다. 대통령 직속 국가교육회의, 대한민국 국회에서 일한 바 있다. 주요 저서로『빅데이터와 정치』(2024, 공저),『디지털기술과 정치』(2023, 공저),『생명과학기술과 정치』(2022, 공저),『복지국가: 이론, 사례, 정책』(2020) 등이 있다. 과학 기술 분야와 정치를 융합하는 연구에 매진하며 "유전공학 기술 수용도와 정치성향 간 상관성에 관한 연구"(2023) 등 관련 논문을 꾸준히 발표하고 있다.